28.9.04

Lieber Herr Winter

Herzlichen Dank für
die guten Kontakte.

Dieses Buch reflektiert
20 Jahre Bernstgeschichte
und soll zeigen wie ich
gerne beraten möchte.

Ihr

Klaus Knopf

Consulting Governance

Das Programm für eine transparente und erfolgreiche Zusammenarbeit zwischen Kunde und Berater

Hans Knöpfel

Versus · Zürich

Consulting Governance® ist ein eingetragenes Markenzeichen der
Knöpfel & Partner AG, Zürich, 2003.

Informationen über Bücher aus dem Versus Verlag finden Sie unter www.versus.ch

Bibliografische Information Der Deutschen Bibliothek

Die Deutsche Bibliothek verzeichnet diese Publikation in der Deutschen
Nationalbibliografie; detaillierte bibliografische Daten sind im Internet
über http://dnb.ddb.de abrufbar.

Das Werk einschliesslich aller seiner Teile ist urheberrechtlich geschützt. Jede Verwertung ist ohne Zustimmung des Verlags unzulässig. Dies gilt insbesondere für Vervielfältigungen, Übersetzungen, Mikroverfilmungen und die Einspeicherung und Verarbeitung in elektronischen Systemen.

© Versus Verlag AG, Zürich 2004
© Grafiken: Knöpfel & Partner AG, Zürich

Umschlagbild und Illustrationen: Ursula Knobel · Zürich
Satz und Herstellung: Versus Verlag · Zürich
Druck: Comunecazione · Bra
Printed in Italy

ISBN 3 03909 014 3

Inhaltsübersicht

Hinweis für Schnellleser

Dieses Buch wurde bewusst in zwei Teile gegliedert: In den Kapiteln 1 bis 4 sind die Entstehung und Entwicklung von Consulting Governance beschrieben. Die folgenden Kapitel beschäftigen sich direkt mit der Umsetzung von Consulting Governance in die Praxis. Dies ergab zwangsläufig in einzelnen Kapiteln eine Überschneidung/Doppelung der Ausführungen zur Consulting Governance.

Vorwort	**11**
Management Summary	**15**
1 Die Treiber von Consulting Governance	19
2 Consulting Governance und Performance Management	29
3 Ziele, Grundsätze und Nutzen von Consulting Governance	43
4 Consulting Governance – das Vorgehen	63
5 Die Umsetzung von Consulting Governance in die Praxis	81
6 Consulting Governance – Checklisten	143
7 Anhang	155
Abkürzungs- und Stichwortverzeichnis	**163**

Inhaltsverzeichnis

Vorwort **11**

Management Summary **15**

1 Die Treiber von Consulting Governance **19**
    1.1 Entwicklungen und Trends im Unternehmensumfeld 20
        1.1.1 Trends in Politik und Gesellschaft 20
        1.1.2 Wirtschaftliche Trends 22
        1.1.3 Technologische Trends 22
    1.2 Entwicklungen und Trends in der Unternehmensberatung 23
        1.2.1 Prinzipielle Entwicklungen und Trends im Beratermarkt . 23
        1.2.2 Entwicklungen und Trends im Verhalten der Beratungskunden 24
        1.2.3 Strukturelle Entwicklungen und Trends im Beratermarkt . 26
    1.3 Fazit aus den Treibern und Einflüssen für Consulting Governance 26

2 Consulting Governance und Performance Management **29**
    2.1 Einführung und Begriffsbestimmung 29
    2.2 Corporate Performance Management (CPM) 32
    2.3 Corporate Performance Improvement (CPI) 33
        2.3.1 Ziele und Potenziale des Corporate Performance Improvement 33
        2.3.2 Die Einbettung von CPI-Projekten ins Unternehmen 34
        2.3.3 Gleiches Führungssystem für Unternehmen und Projekte 35
    2.4 Transition Management (TM) 37
    2.5 Projektmanagement (PM) 39
    2.6 Fazit für erfolgreiches Veränderungsmanagement 41

3 Ziele, Grundsätze und Nutzen von Consulting Governance **43**
    3.1 Grundlagen und Einsatzbereich von Consulting Governance ... 44
    3.2 Die fünf Säulen von Consulting Governance 46

3.3	Ziele von Consulting Governance		47
	3.3.1	Qualitative Ziele	47
	3.3.2	Quantitative Ziele	48
3.4	Grundsätze von Consulting Governance		49
	3.4.1	Prinzipielle Aspekte	49
	3.4.2	Strukturelle Aspekte	49
	3.4.3	Instrumentelle Aspekte	50
	3.4.4	Personelle Aspekte	50
	3.4.5	Ethik und Consulting Governance	51
	3.4.6	Ethik versus vertragliche Regelung	52
	3.4.7	Verhalten bei Interessenkonflikten	53
	3.4.8	Grundsätze zur Werthaltung	53
	3.4.9	Schlussfolgerung	54
3.5	Die Erfolgsfaktoren von Consulting Governance		54
3.6	Anspruchsgruppen und Eskalation im Projekt		56
	3.6.1	Systematisierung der Anspruchsgruppen	57
	3.6.2	Rollenbeschreibung als Klärungsaufgabe	59
	3.6.3	De-Eskalation – die Problemlösung bei projektkritischen Konflikten	60
3.7	Nutzen von Consulting Governance		61

4 Consulting Governance – das Vorgehen 63

4.1	Consulting Governance – aus der Praxis für die Praxis		63
4.2	Die Stufen des Vorgehens der Consulting Governance allgemein		66
4.3	Vernetztes Denken im Projekt: die Trilogie der Disziplinen		67
	4.3.1	Drei Disziplinen – ein Ziel: der nachhaltig wirksame Projekterfolg!	67
	4.3.2	Die Stufen des Corporate Performance Improvement	68
	4.3.3	Die Stufen des Transition Management	72
	4.3.4	Die Stufen des Projektmanagements	74
4.4	Steuerung der Veränderungsgeschwindigkeit		76
	4.4.1	Der Projektablauf auf der Zeitachse	76
	4.4.2	Der Projektablauf aus der Sicht der Vernetzung	77
	4.4.3	Kommunikation und Veränderungsgeschwindigkeit	78

5 Die Umsetzung von Consulting Governance in die Praxis 81
    5.1 Stufe 1 «Problem identifizieren» 83
        5.1.1 Vorbereitende Schritte 83
        5.1.2 Ziele 84
        5.1.3 Ergebnisse 85
        5.1.4 Herausforderungen an CPI 86
        5.1.5 Herausforderungen an das Transition Management 88
        5.1.6 Herausforderungen an das Projektmanagement 89
        5.1.7 Worst-Case-Szenarien 92
        5.1.8 Nutzen aus der Vernetzung 92
    5.2 Stufe 2 «Berater auswählen» 93
        5.2.1 Vorbereitende Schritte 93
        5.2.2 Ziele 95
        5.2.3 Ergebnisse 98
        5.2.4 Herausforderungen an CPI 99
        5.2.5 Herausforderungen an das Transition Management 100
        5.2.6 Herausforderungen an das Projektmanagement 100
        5.2.7 Worst-Case-Szenarien 102
        5.2.8 Nutzen aus der Vernetzung 103
    5.3 Stufe 3 «Projekt initialisieren» 104
        5.3.1 Vorbereitende Schritte 104
        5.3.2 Ziele 105
        5.3.3 Ergebnisse 105
        5.3.4 Herausforderungen an CPI 106
        5.3.5 Herausforderungen an das Transition Management 107
        5.3.6 Herausforderungen an das Projektmanagement 108
        5.3.7 Worst-Case-Szenarien 110
        5.3.8 Nutzen aus der Vernetzung 110
    5.4 Stufe 4 «Transparenz schaffen» 111
        5.4.1 Vorbereitende Schritte 111
        5.4.2 Ziele 111
        5.4.3 Ergebnisse 112
        5.4.4 Herausforderungen an CPI 113
        5.4.5 Herausforderungen an das Transition Management 114
        5.4.6 Herausforderungen an das Projektmanagement 115
        5.4.7 Worst-Case-Szenarien 117
        5.4.8 Nutzen aus der Vernetzung 118

5.5 Stufe 5 «Lösungsdesign erarbeiten» 118
5.5.1 Vorbereitende Schritte 118
5.5.2 Ziele 119
5.5.3 Ergebnisse 120
5.5.4 Kritische Erfolgsfaktoren und abgeleitete Massnahmen 121
5.5.5 Herausforderungen an CPI 121
5.5.6 Herausforderungen an das Transition Management 122
5.5.7 Herausforderungen an das Projektmanagement 123
5.5.8 Worst-Case-Szenarien 125
5.5.9 Nutzen aus der Vernetzung 126

5.6 Stufe 6 «Masterplan umsetzen» 126
5.6.1 Vorbereitende Schritte 126
5.6.2 Ziele 127
5.6.3 Ergebnisse 127
5.6.4 Kritische Erfolgsfaktoren, Massnahmen 128
5.6.5 Herausforderungen an CPI 128
5.6.6 Herausforderungen an das Transition Management 129
5.6.7 Herausforderungen an das Projektmanagement 129
5.6.8 Worst-Case-Szenarien 131
5.6.9 Nutzen aus der Vernetzung 131

5.7 Stufe 7 «Projekt abschliessen» 131
5.7.1 Vorbereitende Schritte 131
5.7.2 Ziele 132
5.7.3 Ergebnisse 132
5.7.4 Kritische Erfolgsfaktoren, Massnahmen 133
5.7.5 Worst-Case-Szenarien 134
5.7.6 Nutzen aus der Vernetzung 135

5.8 Stufe 8 «Nachhaltigkeit prüfen» 135
5.8.1 Vorbereitende Schritte 135
5.8.2 Ziele 135
5.8.3 Ergebnisse 136
5.8.4 Kritische Erfolgsfaktoren, Massnahmen 136
5.8.5 Worst-Case-Szenarien 137
5.8.6 Nutzen aus der Vernetzung 138

5.9 Stufe 9 «Laufende Ergebnisverbesserung» 138
5.9.1 Vorbereitende Schritte 138
5.9.2 Ziele 139

       5.9.3   Ergebnisse 139
       5.9.4   Kritische Erfolgsfaktoren 139
       5.9.5   Worst-Case-Szenarien 140
       5.9.6   Nutzen aus der Vernetzung 140
   5.10 Schlussfolgerung aus der Bearbeitung der Stufen 141

6 Consulting Governance – Checklisten 143
   6.1   Fragestellungen zu den neun Stufen der Consulting Governance 143
   6.2   Checkliste zur Corporate Performance Improvement (CPI) ... 151
   6.3   Checkliste zum Transition Management 152
   6.4   Checkliste zum Projektmanagement 153

7 Anhang 155
   7.1   Zertifizierung von Beratern 155
       7.1.1   Verhaltenskodex für zertifizierte Unternehmensberater CMC 155
       7.1.2   CMC – Vorgehen zur Zertifizierung von Beratern 159
   7.2   Begriffsdefinitionen 159
   7.3   Fallbeispiele zur Illustration von Consulting Governance 161
   7.4   Literaturverzeichnis und Internetlinks 162

Abkürzungs- und Stichwortverzeichnis 163

Der Autor 173

Vorwort

Corporate Governance

Als ich im Mai 2003 anlässlich eines Arbeitsaufenthaltes in England weilte, war dort das Thema «Corporate Governance» in aller Munde. Auch auf dem Kontinent wurde längst angeregt darüber diskutiert, wie die «Regelung von Macht und Kontrolle im Dreiecksverhältnis von Aktionären, Verwaltungsrat und Management» aussehen und gemanagt werden könnte. Auslöser dieser Diskussionen sind unter anderem die bekanntermassen charakterbedingten und/oder professionellen Fehlleistungen von Managern, die unter anderem bei Swissair, Swiss Life, Enron, Worldcom, ja in der so genannten Neuen Ökonomie insgesamt zur Krise führten.

Unternehmensberater

Mich als Unternehmensberater beschäftigte besonders, dass in fast allen Berichten über derart einschlägige Unternehmens- und Managementkrisen die Berater dieser Unternehmen im gleichen Atemzug genannt wurden. Verkürzt dargestellt wurden Berater in der veröffentlichten Meinung mit folgenden Attributen belegt: Selbstüberschätzung, unzureichende Professionalität, Unlauterkeit, primär an Eigeninteressen orientiert, Geldgier.

Ich will nicht verhehlen, dass mich diese Brachialverurteilung der Beratungsbranche als Ganzes mehr als beunruhigte, war ich doch bisher davon ausgegangen, dass die oben genannten Negativmerkmale nur auf äusserst wenige Berater zuträfen. Die überwiegende Mehrheit der Unternehmensberater, so meine Überzeugung, arbeitet professionell und menschlich korrekt.

Gespräche mit Kunden und Kollegen zeigten, dass die Angelegenheit weit differenzierter zu betrachten ist und eine Unterteilung der Beratungswelt in Gute und Verdammenswerte ebenso wenig weiterhilft wie die Pflege meines auf Vertrauen basierenden Berater-Weltbildes.

In Diskussionen mit Kunden, aber auch durch die Analyse einiger früherer Projekte stellte ich letztlich fest, dass Beratungsprojekte immer dann von Erfolg gekrönt sind, wenn von Anfang an ein Regelwerk besteht, in dem die messbaren Ziele, die Vorgehensweisen, die Kompetenzen und Verantwortlichkeiten klar beschrieben sind. Umgekehrt gilt: Wo dieses Regelwerk nicht bestand, «harzten» oder scheiterten die Projekte meistens.

Im «Swiss Code of Best Practice for Corporate Governance» sind diese Regeln für die Projektzusammenarbeit zwischen Kunden und Beratern nicht niedergeschrieben. Auch in den Bibliotheken und Datenbanken von Unternehmensberater-Verbänden war dergleichen nicht zu finden. Der Schluss: Die Unternehmensberatung braucht eine eigens entwickelte Consulting Governance®[1].

Consulting Governance

Consulting Governance definiert einerseits eine Philosophie, eine klare Systematik und andererseits einen eindeutigen Handlungsrahmen, ein Programm für die Zusammenarbeit von Auftraggeber und Unternehmensberater. Ziel von Consulting Governance ist: Projekte zielgerichteter, schneller, kostengünstiger und erfolgreicher zu realisieren.

Die von Knöpfel & Partner AG dank systematischer Vorgehensweise erfolgreich realisierten Projekte, ein integrales Projektvorgehensmodell, die zahlreichen Erfahrungen des Teams und das Wissen führender Hochschulen schufen die Grundlage für Consulting Governance.

Die in der letzten Zeit aufgekommene Diskussion über den Nutzen des Consulting-Einsatzes – unter dem Stichwort «Return on Consulting» – kann durch das Programm Consulting Governance optimal unterstützt werden. Dies durch den transparenten Handlungsrahmen, der die Messbarkeit der Leistungen erst wirklich ermöglicht.

Das vorliegende Buch richtet sich einerseits an jene Führungskräfte, die ein integrales Vorgehensmodell für die Projektarbeit suchen. Darüber hinaus sind Unternehmensberater angesprochen, die ihre eigene «Business Excellence» in einer partnerschaftlichen Zusammenarbeit mit ihren Kunden suchen, beziehungsweise diese verbessern wollen.

---

1 Consulting Governance® ist ein eingetragenes Markenzeichen der Knöpfel & Partner AG, Zürich, 2003.

Mein besonderer Dank gilt meinem Beraterteam, im Speziellen Markus Hausheer, Daniel Hug, Sepp Lautenschlager und Josef Rusch. Sie haben mich durch ihre engagierte Mitarbeit, durch viele kritische Diskussionen und durch ihre Erfahrungen wesentlich unterstützt und damit zum Gelingen dieses Werkes massgeblich beigetragen.

Im Weiteren danke ich dem Versus Verlag, Zürich, für die technische wie konzeptionelle Begleitung. Ebenso zu erwähnen sind Thomas Lang und Torsten Haeffner, die den Text redigierten.

Ein Buch zu schreiben, ist keine Kleinigkeit, sondern erfordert Hingabe, Konzentration und eine Menge Zeit. Meiner Familie danke ich für ihr Verständnis dafür, dass meine Hingabe, Konzentration und eine Menge Zeit häufig dem Buch galten und nicht ihr selbst. Speziell meiner Frau Susanne danke ich für ihre grossartige Unterstützung und für ihre stetigen Ermunterungen, dieses anspruchsvolle Projekt zu einem erfolgreichen Ende zu bringen.

Zürich, im Mai 2004   Hans Knöpfel CMC

Zum Geleit

Heute stehen die Wirtschaft und die Unternehmen auf dem Prüfstein: Jede Firma muss eine Vielzahl von Herausforderungen gleichzeitig meistern. Die Ressourcen sind knapp und überall herrscht hoher Realisierungsdruck.

Gleichzeitig sehen sich die Wirtschaft und die Unternehmen in einer Glaubwürdigkeitskrise: Einzelne Manager haben lange zu sehr eigene, persönliche Interessen verfolgt. Oft führten sie die Firma, als wäre sie ihr Eigentum. Paradoxerweise führten diese Manager häufig das Lippenbekenntnis vom Shareholder Value im Munde.

Corporate Governance

In der Folge entstanden in den vergangenen Jahren eine Vielzahl von Richtlinien zur Corporate Governance. Sie sollen durch ein ausgewogenes System von «checks and balances» die Qualität und Nachhaltigkeit des unternehmerischen Entscheidungsprozesses optimieren. Unternehmensintern erfordert dies meistens strukturelle und instrumentelle Anpassungen.

Auch das Management Consulting steht gegenwärtig auf dem Prüfstein und durchläuft zurzeit eine intensive Wandlung, die unter anderem durch gravierende Fehlentwicklungen ausgelöst wurde. Unternehmen setzen deshalb externe Berater viel selektiver ein und fordern mehr Professionalität in der Projektabwicklung. Zudem erwarten sie, dass das externe Beratungsteam nicht nur inhaltliche Unterstützung liefert, sondern den Veränderungsprozess insgesamt mitgestaltet.

Projektzusammenarbeit

Consulting Governance ist die Antwort auf diese Entwicklung. Consulting Governance – entwickelt aus der Praxis für die Praxis – bezweckt die Sicherstellung einer zielgerichteten, effektiven und effizienten Projektzusammenarbeit. Es freut mich, dass diese ganzheitliche partnerzentrierte Vorgehensweise zur Gestaltung der Projektarchitektur, der Projektkommunikation und des Projektcontrollings als Premiere hier vorgestellt werden kann.

Consulting Governance ist in der Zusammenarbeit von Unternehmensberatern entstanden, welche die Herausforderungen des Beratermarktes aus mehrjähriger Praxiserfahrung kennen. Die Initiative zu diesem Buch lag bei Hans Knöpfel, dem Inhaber der Knöpfel & Partner AG, Unternehmensberatung, Zürich.

An ihn und sein engagiertes Team geht der Dank, der Wirtschaft mit Consulting Governance ein zeitgerechtes Programm zu präsentieren, welches den Unternehmern mehr Sicherheit in der Planung und Verwirklichung komplexer Veränderungsprogramme vermittelt und zugleich dem Management Consulting den Weg weist.

Dr. oec. Leonhard Fopp

CMC, Präsident der ASCO,
Verwaltungsrat der Knöpfel & Partner AG, Zürich

Management Summary

Immer wieder kam es in der Vergangenheit zu spektakulären Zusammenbrüchen von grösseren Unternehmen. In diversen Einzelfällen waren Berater aktiv oder passiv darin involviert. Angesichts dessen müssen sich Unternehmensberater gefallen lassen, dass ihre Kompetenz und ihre Integrität in Frage gestellt werden.

Gleichberechtigte Partner

Die Erfahrung zeigt, dass eine erfolgreiche Zusammenarbeit das Verhältnis gleichberechtigter Partner voraussetzt. Die dabei erzielten Ergebnisse sind nur dann nachhaltig, wenn eine Reihe wichtiger Regeln eingehalten wird und die Rahmenbedingungen stimmen.

Regelwerk

Hier setzt Consulting Governance an. Es handelt sich um ein ganzheitliches Regelwerk, das zuerst die Steigerung der Leistungsfähigkeit des Unternehmens zum Ziel hat und die Nachhaltigkeit der erzielten Ergebnisse sicherstellen hilft. Da sich Consulting Governance konsequent am Ergebnis orientiert, umfasst es nicht nur alle Phasen und Stufen des eigentlichen Projekts, sondern auch die Initialisierung einer Projektidee, die Auswahl eines kompetenten Beraters und die laufende Erfolgskontrolle nach dem Projektabschluss.

Jede Stufe des Projektvorgehens erfordert Transparenz. Berater und Auftraggeber haben in ihrer Zusammenarbeit klar definierte Rechte und Pflichten, Aufgaben und Verantwortung, die zu Beginn klar geregelt und während der ganzen Projektzusammenarbeit wahrgenommen werden müssen. Eine laufende Kontrolle der Zwischenergebnisse sowie ein von vornherein vereinbartes Vorgehen bei Planabweichungen sind die Garanten für Qualität und Nachhaltigkeit des Gesamtergebnisses.

Zusammenarbeit

Die Zusammenarbeit zwischen Auftraggeber und Berater beginnt meist zu einem Zeitpunkt, an dem das gewünschte Ergebnis noch gar nicht projizierbar ist, das heisst ein «projectum» noch nicht besteht. In dieser Situation ist es weder dem Auftraggeber noch dem Berater möglich, ein zu erzielendes Resultat derart zu definieren, dass ein positives Ergebnis der gemeinsamen Anstrengungen gesichert ist.

Deshalb müssen sich die Vertragspartner in einem «Guide of Conduct» auf Grundsätze einigen. Diese kommen immer dann zum Tragen, wenn kritische Punkte im Verhalten, zu Entscheidungen oder Massnahmen anstehen, die nicht vertraglich festgelegt sind. Consulting Governance trägt dazu bei, die Zusammenarbeit beider Vertragsparteien in punkto Verlässlichkeit und Vertrauen zu fördern und zu sichern.

Folgende Fragen werden in diesem Buch beantwortet:

- Welches sind die Nutzen von Consulting Governance für Auftraggeber wie Berater?
- Wann kann ein Unternehmen durch externe Berater sinnvoll unterstützt werden?
- Wie kann bereits im Vorfeld eines Vorhabens dessen Effektivität massgeblich beeinflusst werden?
- Wie lassen sich «Projektruinen» verhindern?
- Wie lassen sich alle Projektphasen und -stufen (Idee, Lösungsdesign, Umsetzung, Weiterentwicklung) optimal realisieren?
- Wie wird sichergestellt, dass die in einem Projekt erarbeiteten Ergebnisse auch nach Projektabschluss im Unternehmen gelebt werden?

Consulting Governance ist also ein Programm für die erfolgreiche Gestaltung von Veränderungsprozessen durch die transparente und partnerschaftliche Zusammenarbeit zwischen Auftraggeber und Berater.

Um den Einstieg in das Thema zu erleichtern, sind die wichtigsten, im Text wiederkehrenden Begriffe in Abschnitt 7.2 «Begriffsdefinitionen», Seite 159, definiert. Die umfassende Beschreibung der Begriffe ist im entsprechenden Kapitel zu finden.

Alle einschlägigen Begriffe sind geschlechtsneutral zu verstehen und beziehen sich gleichermassen auf Frauen wie Männer.

1
Die Treiber von Consulting Governance

Consulting Governance regelt die Zusammenarbeit zwischen Auftraggeber und Unternehmensberatern in Projekten mit der Zielsetzung, jeweils einen grösstmöglichen und nachhaltigen Projekt- und Unternehmenserfolg zu erreichen. Die Grundsätze der Consulting Governance definieren unter anderem eine Werthaltung. Angesichts gesellschaftlicher und wirtschaftlicher Entwicklungen in der jüngeren Vergangenheit und angesichts diverser – von Beratern mit zu verantwortenden – Firmenzusammenbrüchen ist Consulting Governance eine selbstverständliche Notwendigkeit.

Consulting Governance und Corporate Governance

Consulting Governance basiert auf dem Prinzip der Corporate Governance. Letztere dient der Regelung von Macht und Kontrolle im Dreiecksverhältnis von Aktionären, Verwaltungsrat und Management. Consulting Governance beinhaltet die geregelte, verantwortungsbewusste Projektabwicklung durch Führungskräfte und Berater und umschreibt unter anderem deren jeweilige Rechte und Pflichten. Consulting Governance ist die Antwort auf

- gesellschaftliche und wirtschaftliche Veränderungen, die das Unternehmensumfeld wesentlich beeinflussen und zur Entwicklung der Corporate Governance führten;
- die Veränderungen im Beratermarkt der Schweiz und in den EU-Ländern aus Nachfrager- (Unternehmen) und Anbietersicht (Berater).

1.1 Entwicklungen und Trends im Unternehmensumfeld

Die Beziehungen zwischen Unternehmen und Unternehmensberatern finden keineswegs in einem isolierten Raum statt. Die Ergebnisse der Zusammenarbeit sind immer auch beeinflusst durch Gesellschaft, Wirtschaft und Politik. Deshalb muss eine Untersuchung der Treiber von Consulting Governance die Einflussfelder im unternehmerischen Umfeld und in der Beraterbranche beschreiben, um Grundsätze für die Zusammenarbeit der beiden Leistungspartner (Auftraggeber und Auftragnehmer) abzuleiten (▶ Abbildung 1).

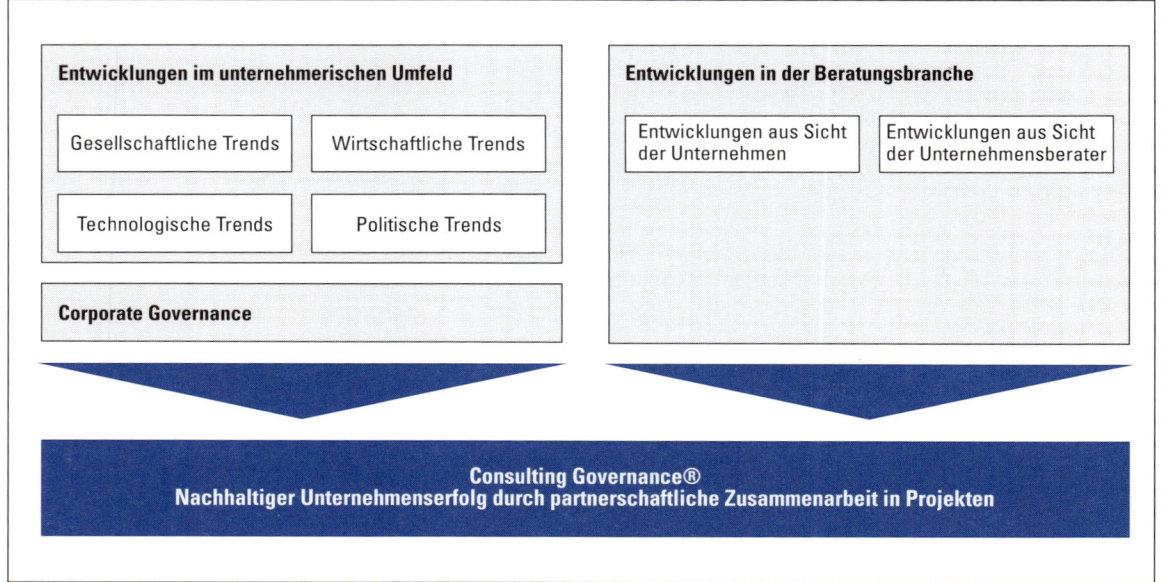

▲ Abbildung 1 Die Treiber von Consulting Governance

1.1.1 Trends in Politik und Gesellschaft

Die Entwicklungen in Gesellschaft und Politik wirken auch auf die Zusammenarbeit zwischen Unternehmen und Beratern. Folgende, sich teilweise gegenseitig beeinflussende Trends lassen sich festmachen:

- *Zunehmende Individualisierung:* Es wird immer schwieriger, Interessengruppen gesamthaft anzusprechen und zu beeinflussen, da diese keine Kohärenz mehr aufweisen. Im Zentrum politischer Entscheidungsprozesse verdrängen heute individuelle, persönliche Interessen immer häufiger das übergeordnete Gemeinwohl. Dies macht sich auch in unternehmerischen Entwicklungen bemerkbar. Veränderungen – welcher Art auch immer – werden zusehends schwerer durchsetzbar, weil sie den Einzelinteressen nicht entsprechen. Und exakt im Anspruch, «es jedem recht machen zu können» liegt bereits der Keim des Scheiterns jedes Veränderungsprozesses begründet. Denn die daraus resultierenden «politischen Absprachen» führen zur Zementierung, nicht aber zur notwendigen Veränderung.
- *Wachsende Komplexität:* Die zunehmende Komplexität macht die Beherrschbarkeit und Steuerbarkeit von Entwicklungen zusehends schwieriger. Immer weniger Menschen und Mitarbeiter sind in der Lage, komplexe Entwicklungen, Modelle, Lösungsmöglichkeiten auf einer abstrakten Ebene zu entwerfen und/oder zu beurteilen. Fehlentscheidungen, Fehlentwicklungen bzw. zu spät getroffene Entscheidungen sind die Folgen.
- *Globale Kommunikation:* Die globale Kommunikation führt in den Unternehmen auch zu einem Informationsüberfluss. Die Selektion unwichtiger oder falscher Informationen (Input) und die Wahrung der Vertraulichkeit kritischer Informationen (Output) bestimmen die Effizienz und Effektivität unternehmerischer Projekte immer häufiger.
- *Voranschreitender Wertverlust:* Der Verlust allgemein verbindlicher Werthaltungen führt sowohl zur Auflösung ethischer Standards als auch zum Bruch traditioneller Beziehungsebenen. Leistung und Loyalität sind keine die Lebens- und Berufsinhalte bestimmenden Attribute mehr.
- *Zunehmende Unberechenbarkeit jeglicher Entwicklungen:* BSE, Schweinepest, militante Splittergruppen, Umweltkatastrophen oder andere stark bewertete Tagesereignisse führen bei Medien wie Marktteilnehmern regelmässig zu kollektiven Überreaktionen. Deren wirtschaftlichen Folgen (Absatz, Börsenkurse, Innovationen etc.) sind von den betroffenen Unternehmen oft nicht mehr steuerbar. Reaktion und Anpassung gelten als Handlungsmaximen.

Was heisst dies für die Zusammenarbeit von Unternehmen und Beratern? Trends müssen möglichst früh erkannt und rasch, sowie unter Einbezug motivierbarer Mitarbeiter erfolgreich umgesetzt werden.

1.1.2 Wirtschaftliche Trends

Folgende wirtschaftlichen Trends sind im Hinblick auf Consulting Governance wichtig:

- Prognosen sind immer seltener verlässlich. Kurzfristiges Reagieren tritt an die Stelle langfristigen Agierens.
- Das in diversen Unternehmen in den vergangenen Jahren praktizierte Schönrechnen, also Unternehmensergebnisse besser darzustellen als sie effektiv sind, schwächte das Vertrauen in die Wirtschaft insgesamt.
- Anleger und Investoren erwarten selbst in schrumpfenden Märkten kurzfristiges profitables Wachstum und eine langfristige positive wirtschaftliche Unternehmensentwicklung.
- Der Margen- und Innovationsdruck wird aufgrund der Globalisierung und der Beschleunigung des Informationsflusses noch weiter zunehmen.
- Vor allem kleine und mittelgrosse Unternehmen stehen vor ungelösten Finanzfragen (Basel II).
- Strategien sind in zusehends kürzerer Zeit zu entwickeln und Umsetzungen immer rascher zu realisieren. Damit nimmt das Risiko von Fehlentscheidungen und Fehlleistungen markant zu.

Was heisst dies für die Zusammenarbeit von Unternehmen und Beratern? Herausforderungen werden immer häufiger nur mit externen Experten zu bewältigen sein. Der Beratungsbedarf wird also weiter steigen. Er dürfte indes nicht mehr im Entwickeln und ständigen Anpassen «grosser Strategien» liegen, sondern in der Entwicklung von so genannten Guerilla-Strategien (klein, flexibel und rasch umsetz- bzw. anpassbar).

1.1.3 Technologische Trends

Folgende technologischen Trends sind im Hinblick auf Consulting Governance wichtig:

- Auch wenn Prognosen immer seltener verlässlich sind, bahnbrechende neue Technologien sind derzeit nicht erkennbar.
- Egal, welche neuen Technologien dereinst lanciert werden: Die Frage ist, inwieweit diese das eigene Unternehmen berühren, bzw. wie es maximal davon profitieren kann. Die richtige Einschätzung dieser Frage kann überlebensentscheidend sein.
- Künftige technologische Entwicklungen bzw. die Nutzbarmachung der jeweiligen Technologie erfordern ein Umdenken: weg von den Produkten, hin zu den Lösungen.
- Innovationschancen müssen systematisch erkannt und realisiert werden.

Für die Zusammenarbeit von Unternehmen und Beratern bedeutet dies, dass externe Berater zu wichtigen Inputgebern bezüglich Technologie-Strategie und Innovationen werden.

1.2 Entwicklungen und Trends in der Unternehmensberatung

Nach einer langen Periode zweistelliger Wachstumsraten in den 1990er Jahren kam es 2002 im Markt für Beratungsleistungen in der Schweiz erstmals zu einem massiven Einbruch. Das Honorarvolumen der Schweizer Unternehmensberatungen sank um 17 Prozent: 2002 betrug das Marktvolumen noch 1 Milliarde Schweizer Franken. 2003 setzte sich der Trend fort, indem das Umsatzvolumen nochmals um 9 Prozent zurückging, bei der Anzahl der Berater lag der Prozentsatz sogar noch höher.

Diese Zahlen zeigen, dass die gesamte Branche einem Wandel unterworfen ist. Eine von der Zürcher Hochschule Winterthur (ZHW) im Auftrag der ASCO[1] durchgeführte Trendumfrage belegt, dass der Rückgang nicht ausschliesslich konjunkturelle Gründe hat. Veränderte Bedürfnisschwerpunkte bei den Kunden sowie strukturell bedingte Veränderungen im Beratermarkt sind ebenso wichtige Gründe.

1.2.1 Prinzipielle Entwicklungen und Trends im Beratermarkt

Neben konjunkturell bedingten Faktoren prägen prinzipielle Veränderungen den Markt:

- *Imageverlust der Branche:* Die Ursachen für das angeschlagene Image der Berater sind in den diversen Unternehmenskrisen und -zusammenbrüchen sowie im Niedergang der New Economy zu suchen. Beides führte sowohl in der Wirtschaft insgesamt, aber auch bei den Unternehmensberatern zu einer schwerwiegenden Glaubwürdigkeitskrise, welche die allgemeine Verunsicherung in Wirtschaft und Gesellschaft noch verstärkte.
- *Unabhängigkeitsverlust:* In einigen wenigen Fällen war die Unabhängigkeit der Unternehmensberater in Bezug auf die zu beratenden Unternehmen und deren Anspruchsgruppen nicht mehr gegeben. Wenn beispielsweise Beratungshäuser grossen Computerunternehmen gehören, wird die Vermeidung von Interessenkonflikten zur ständigen Herausforderung.

---

1 Association of Management Consultants Switzerland

- *Rollenverletzungen:* In diversen Projekten kam es zu Rollenverquickungen des Auftraggebers und des Beratungsunternehmens. Damit wurde eine wichtige Regel der Corporate Governance verletzt, wonach niemand das Resultat seiner eigenen Aufgaben kontrollieren darf.
- *Überkapazitäten in der Branche:* Der Beratermarkt in der Schweiz ist in der Vergangenheit überproportional gewachsen. Als Konsequenz ist eine grosse Zahl von Beratungsunternehmen mit Fokussierung auf die «klassische Unternehmensberatung» (Strategie und Organisation) entstanden. Der Rückgang des Marktvolumens bewirkt einen enormen Verdrängungswettbewerb in einer stark fragmentierten Branche. Die Nachfrage nach Beratungsleistungen ist zwar nach wie vor vorhanden, in der Tendenz jedoch leicht sinkend. Die Ursache liegt auch in der konjunkturell bedingten Marktsituation. Der Finanzsektor, der Maschinen- und Anlagenbau sowie die IT- und Telekomindustrie, traditionell starke Nachfrager nach Beratungsleistungen, investieren nur noch sehr selektiv.
- *Veränderte Rolle des Unternehmensberaters:* Einzelne Unternehmensberater übernehmen in Projekten die Rolle eines Generalunternehmers mit Ergebnisverantwortung. Unternehmen fordern mehr und mehr die ganzheitliche Beratung aus einer Hand und übertragen Unternehmensberatungen die Verantwortung für die Gesamtsteuerung integraler Projekte. Darüber hinaus sind die Kunden häufig nicht mehr bereit, in Teilprojekten mit Projektmitarbeitern aus verschiedenen Beratungsunternehmen zusammenzuarbeiten. Unternehmen wollen möglichst wenige Ansprechpartner in einem Projekt, dafür klar geregelte Kompetenzen und Verantwortlichkeit.
- *Umsetzungsfähigkeit:* Unternehmen fordern mehr «Umsetzungsexpertise» und weniger «Analysebrillanz».
- *Beratung oder Führung:* Von Unternehmensberatern wird sukzessive häufiger die Übernahme von Führungsaufgaben in Projekten in enger Zusammenarbeit mit dem jeweiligen Management verlangt. Hier besteht die Gefahr, dass der Berater nicht mehr berät, sondern als Linienmanager agiert.

1.2.2 Entwicklungen und Trends im Verhalten der Beratungskunden

Die Bedürfnisse der Auftraggeber haben sich radikal verändert: Priorität haben heute Projekte zur Bewältigung der «hot issues». Erwartet werden ein schneller «Projekt-Return-on-Investment» und moderate Honorarsätze. Dies belegt die Umfrage der ASCO (durchgeführt durch die ZHW) bei rund 60 CEOs in der Schweiz. Aus der Sicht der Unternehmen sind die folgenden Entwicklungen, die sich in den nächsten Jahren noch weiter akzentuieren werden, beachtenswert:

- Die einst eher konjunkturunabhängige Nachfrage nach Beratungsdienstleistungen, ist heute sehr stark zyklisch: Die Beratungsbranche hat sich zu einem «normalen» Gewerbe entwickelt. In gutem konjunkturellen Umfeld werden Beratungsleistungen unkritischer und stärker konsumiert. In schwierigem wirtschaftlichen Umfeld steht die Konzentration auf «hot issues» im Vordergrund: Projekte mit direktem Einfluss auf die Strategie und auf die Kritischen Erfolgsfaktoren (KEF) eines Unternehmens.
- Der Einkauf von Beratungsdienstleistungen wird selektiver vorgenommen. Die Einkäufer sind professioneller geworden. Immer häufiger erfolgt, vor allem in grossen Unternehmen, eine Prä-Qualifikation der Beratungsunternehmen. Nur diese werden noch für Aufträge angefragt.
- Analog der allgemeinen Wirtschaftsentwicklung konzentrieren die Unternehmen ihre Vorhaben während rezessiver Phasen auf wertschöpfungssteigernde bzw. kostensenkende Projekte. Dazu gehören vor allem Kostenmanagement, Produktivitätsverbesserungen, unternehmensweite oder unternehmensübergreifende Optimierung von Geschäftsprozessen oder Projekte zur Einführung von Shared Services.
- Unternehmen setzen heute eher kleinere Beratungsprojekte auf, fordern eine schnelle Umsetzung der klar definierten Projektziele und einen überschaubaren Projektumfang. Treibende Kraft für diese Fokussierung ist die Anforderung des Marktes an die Unternehmen, schnell, flexibel und bedürfnisgerecht auf sich ändernde Kundenwünsche zu reagieren.
- Die Beratungsdisziplinen Moderation und Coaching gewinnen gegenüber dem Expertenansatz an Bedeutung. Dies stellt hohe zusätzliche Anforderungen an die Sozialkompetenz und echte Erfahrung eines Beraters.
- Ebenso wichtig sind den Unternehmen die Umsetzbarkeit der jeweiligen Lösung und die Umsetzungsfähigkeit des Beraters.
- Generell begegnen Auftraggeber den Unternehmensberatern heute misstrauischer. Die Frage nach dem konkreten Mehrwert wird von den Auftraggebern immer häufiger gestellt.
- Es ist eine gewisse «Beratermüdigkeit» in den Unternehmen feststellbar. Auch dies hat mit missglückten Projekten in der Vergangenheit zu tun und mit dem Umstand, dass einzelne Unternehmen von Beratern mit «standardisierten» Lösungsansätzen bedient wurden, welche der Konkurrenz ebenfalls zur Verfügung gestellt wurden.
- Die Erfahrung im Umgang mit externen Beratern in den Unternehmen ist in den letzten Jahren deutlich gestiegen, da heute vermehrt ehemalige Unternehmensberater in leitender Stellung als Mitarbeiter auf der Kundenseite tätig sind. Die erworbene Erfahrung aus der Abwicklung von Projekten hat ebenso zur Kompetenzsteigerung beigetragen.

1.2.3 Strukturelle Entwicklungen und Trends im Beratermarkt

Die Branche der Unternehmensberater durchläuft derzeit einen tief greifenden Strukturwandel, wie aus den Aussagen der Unternehmensberater in der ASCO-Studie erkennbar ist:

- Die Unternehmen wünschen Beraterpersönlichkeiten, welche neben den fachlichen und methodischen Voraussetzungen eine hohe Sozialkompetenz, Integrität und Praxiserfahrung in das jeweilige Projekt einbringen. Diese Anforderungen können nicht durch junge Berater allein erbracht werden.
- Der Partner einer Beratungsgesellschaft hat immer häufiger die Projektarbeit vor Ort zu begleiten. Die Zeiten, in denen Projekte auf Stufe «Partner» verkauft und auf Stufe «Berater» abgewickelt wurden, sind definitiv vorbei. Die «Pyramiden-Organisation» (wenige Seniorberater, viele Juniors) hat ausgedient.
- «Wissensvorteile» des Beraters sind kein Alleinstellungsmerkmal mehr.
- Die Interessenvermischung im Sinne einer Prüfung und Beratung aus einer Hand wird vom Markt, von der Öffentlichkeit und von den Aufsichtsbehörden nicht mehr akzeptiert. Bei einer Reihe grosser, meist global tätiger Prüfungs- und Beratungsfirmen führte dies zur organisatorischen Aufteilung in voneinander unabhängige Gesellschaften. Als Beispiele seien hier genannt: PricewaterhouseCoopers (PwC), deren Consulting-Bereich an die Firma IBM verkauft wurde und die KPMG, deren Consulting-Bereich mit Anderson Business Consulting in BearingPoint aufging.

1.3 Fazit aus den Treibern und Einflüssen für Consulting Governance

Welche Schlussfolgerungen lassen sich aus den vorgenannten Entwicklungen für Unternehmen und Unternehmensberatungen nun ziehen? Die bisweilen einschneidenden Veränderungen in der Branche der Unternehmensberater werden mit Sicherheit zu einer *Professionalisierung* führen und gleichzeitig den Beruf des Unternehmensberaters «normalisieren». Die Berater sind fürderhin hochqualifizierte Handwerker, die seriös ausgewählt, geprüft und beauftragt werden.

Dabei sind die Treiber in gebührendem Mass zu berücksichtigen. Die *Grundsätze* der Consulting Governance können hier als Leitlinie dienen.

Die Qualität der Zusammenarbeit zwischen Auftraggebern und Beratern wird somit künftig von einer bisher kaum gekannten Verbindlichkeit geprägt sein – von einer Consulting Governance als verbindlichem Richtprogramm.

In ▶ Tabelle 1 sind die wichtigsten Entwicklungen und Trends und ihre Auswirkung aufgeführt.

Mit welchen Prinzipien und nach welchem Vorgehen diesen Herausforderungen begegnet werden kann, ist Bestandteil des Kapitels 4 «Consulting Governance – das Vorgehen».

Als Einstieg beschreibt das folgende Kapitel 2 «Consulting Governance und Performance Management» die grundsätzliche Aufgabe des Managements, nämlich die laufende Steigerung der Leistungsfähigkeit des Unternehmens.

▼ Tabelle 1 Auswirkungen gesellschaftlicher Einflüsse auf Kundenunternehmen und Beratungsfirmen

Entwicklungen und Trends	Was heisst das für das Kundenunternehmen?	Was heisst das für die Unternehmensberatung?
Erfahrung im Umgang mit Beratern führt zu klaren Vorstellungen seitens des Kunden.	Aufgrund der Erfahrung aus vergangenen Projekten kann der Kunde die Leistungen des Beraters besser und objektiver beurteilen. Er kennt die Arbeitsweisen, Vorgehen und Methoden aus eigener Erfahrung.	Der Unternehmensberater kann dem Kunden nichts vormachen. Der Kunde verlangt die Authentizität des Beraters. Die Anforderungen an die Berater steigen, der Wettbewerbsdruck nimmt zu.
Ziele und Aufgaben werden zu Beginn klar festgelegt.	Der Auftraggeber differenziert klar zwischen internen Aufgaben und Rollen und den Aufgaben des Beratungsunternehmens.	Die Consulting-Leistungen stehen konsequent im Einklang mit den langfristigen Kundenzielen.
Kunden und Berater arbeiten «wirklich» zusammen.	Einbezug des Beraters in Projektfragen und Entscheidungen ist zu gewährleisten.	Berater brauchen Consulting Governance zur Implementierung des Wandels.
Gezielter, aufgabengerechter Beratereinsatz ist gefordert.	Zielgerichtete und transparente Auswahl der Consultant-Partner erfolgt nach klar definierten Bewertungskriterien.	Professionalisierung und Umbau der Mitarbeiterstruktur (Partner statt Juniors) werden forciert.
Rollen werden vor Projektstart fixiert.	Es werden klare Regeln für die Projektarbeit über Verantwortlichkeiten für Umsetzung und Zielerreichung formuliert.	Die zur Verfügung stehenden Ressourcen und die Erreichbarkeit des Ziels sind zu einem frühen Zeitpunkt kritisch zu prüfen.
Rechte und Pflichten werden gegenseitig vor Projektstart festgelegt.	Klare Regelung der Rechte eines Beraters und der De-Eskalationsverfahren für den Konfliktfall ist erforderlich.	Das Verhalten des Consultants steht in Übereinstimmung mit der Verantwortung und seinen Rechten und Pflichten auf dem Mandatsprojekt.

2
Consulting Governance und Performance Management

2.1 Einführung und Begriffsbestimmung

Jedes Unternehmen ist angehalten – will es langfristig erfolgreich überleben – seine Leistungsfähigkeit (Corporate Performance) permanent sicherzustellen. Es braucht also die Disziplin Corporate Performance Management (oder auch «Value Management» genannt).

Die Corporate Performance (CP) definiert sich aus der Leistungsfähigkeit des Unternehmens in seinen Absatzmärkten und aus der finanzwirtschaftlichen Potenz (Kapitalmarkt). Natürlich ist die Corporate Performance eines Unternehmens keine statische Grösse; sie unterliegt vielmehr einer Dynamik, einem ständigen Wandel. Jedes Unternehmen ist deshalb laufend bestrebt, die eigene Corporate Performance absolut und relativ zu verbessern.

Strategisches Projektportfolio — Erreichen lässt sich dies durch entsprechende Optimierungsprojekte. So gesehen sind strategisch orientierte Projektportfolios äusserst hilfreich, um eine wertorientierte Führung zu unterstützen.

Die langfristige Sicherstellung, Messung, Überwachung und kontinuierliche Verbesserung (KVP) der Corporate Performance (CP) erfolgt im Corporate Performance Management (CPM) durch strategische und organisatorische Veränderungsprojekte im Rahmen des Corporate Performance Improvement (CPI) (▶ Abbildung 2).

Dieses Projektportfolio wird durch folgende Elemente des Unternehmensmodells definiert:

- *Kunden, Markt (die nachhaltige Gewinnung/Bindung von Kunden):* Entscheidend sind hier die Kundenbedürfnisse bzw. die zu deren Befriedigung notwendigen Wertschöpfungsprozesse.
- *Strategie (Definieren der Strategischen-Geschäftsfelder-Portfolios und der Kritischen Erfolgsfaktoren):* Die Strategie benennt unter anderem die Unternehmensziele und die strategischen Geschäftsfelder (SGF) sowie die zu erbringenden Leistungen (inkl. Synergien, Cross Selling, Komplementär-Produkte etc.). Daraus lassen sich die Marktstrategie und Funktionalstrategien sowie die Kritischen Erfolgsfaktoren (KEF) aus Kundensicht ableiten.

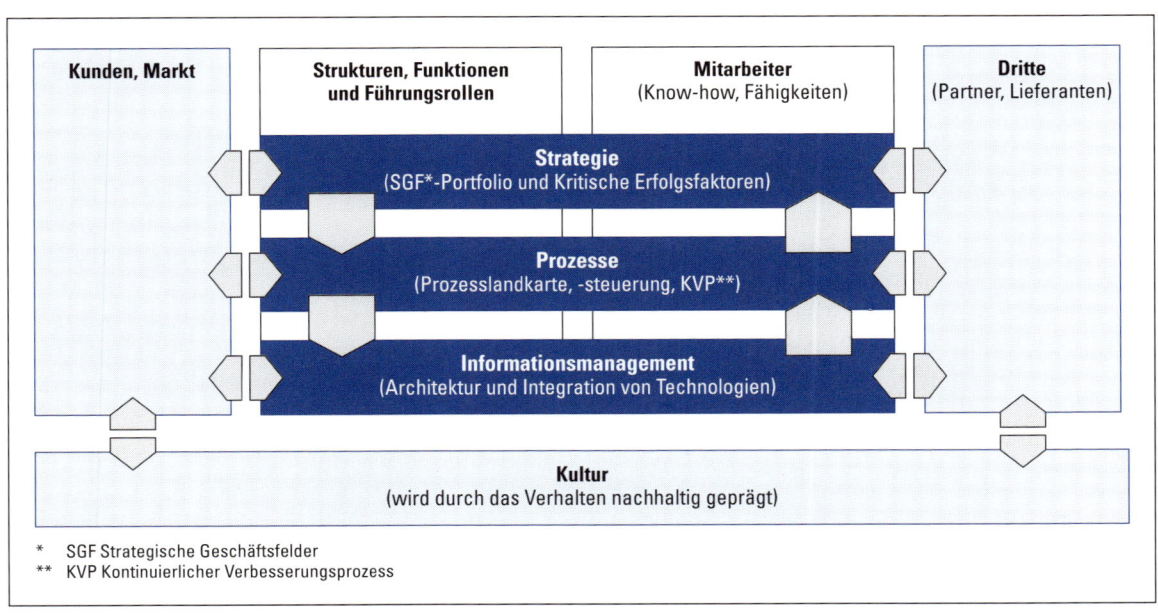

▲ Abbildung 2 Generisches Modell des Unternehmens

- *Prozesse:* Auf Prozessebene werden die Prozesslandkarte und die Prozessarchitektur inkl. Steuerung bestimmt sowie entsprechende Festlegungen für den Kontinuierlichen Verbesserungsprozess (KVP) vorgenommen.
- *Informationsmanagement und Infrastruktur:* Basierend auf den Vorgaben aus den Prozessen lässt sich die IT-Architektur ableiten und umsetzen.
- *Organisation (Strukturen, Funktionen und Führungsrollen):* Die Festlegung der geeigneten Strukturen, Funktionen und die Führungssystematik bzw. -rollen wird durch die Prozesse bestimmt.
- *Mitarbeiter (Know-how, Fähigkeiten):* Das im Unternehmen vorhandene bzw. aufzubauende Know-how und die geforderten Fähigkeiten ist strategierelevant.
- *Kultur (wird durch das Verhalten nachhaltig geprägt):* Die gelebte Kultur und die Möglichkeiten ihrer Beeinflussung sind wesentlich für den Verlauf und für die Umsetzbarkeit von Veränderungsprojekten.
- *Dritte (Partner, Lieferanten etc.):* Auch sie sind für die Leistungsfähigkeit des Unternehmens – je länger je mehr (Outsourcing!) – von hoher Bedeutung.

▶ Abbildung 3 verdeutlicht das Zusammenspiel von strategischer und operativer Verantwortung mit der Projektverantwortung beziehungsweise von den Aufgaben des Corporate Performance Management mit jenen des Corporate Performance Improvement.

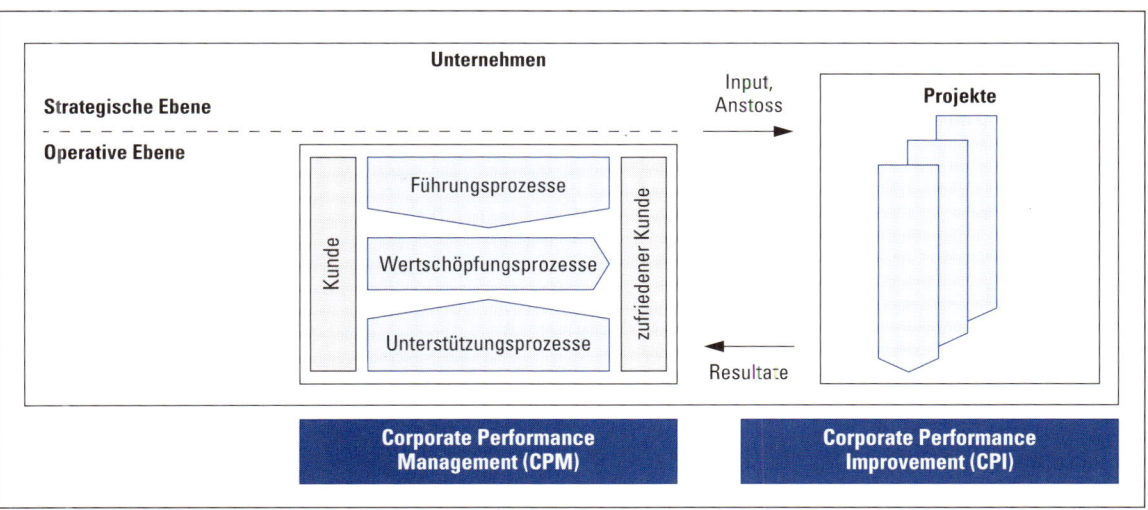

▲ Abbildung 3 Strategisch orientiertes Projektportfolio

2.2 Corporate Performance Management (CPM)

Die Disziplin Corporate Performance Management (CPM) umfasst sämtliche Prozesse eines Unternehmens und die relevanten externen Erfolgsfaktoren. Dabei geht es vor allem darum, auf operativer Ebene die strategischen Vorgaben umzusetzen. Grundlage dieser Operationalisierung ist ein Managementzyklus, bestehend aus Planung, Budgetierung, Umsetzung, Reporting und Analyse.

Aufgabe des CPM

Die Aufgabe des Corporate Performance Management ist es, dafür zu sorgen, dass die Unternehmenssteuerung durchgängig auf die Steigerung des Unternehmenswertes ausgerichtet ist. Dementsprechend sollte die Kontrolle, beziehungsweise die Messbarkeit der gesteckten Ziele in regelmässigen Abständen erfolgen. Zur Messung und zur vorwärtsorientierten Steuerung der Wertschöpfungs-, Führungs- und Support-Prozesse ist eine bedürfnisadäquate Information and Communication Technology unabdingbar. Sie ermöglicht erst die Messung und damit – eine Binsenweisheit – das vorwärtsgerichtete Corporate Performance Management.

Ziele

Ziel jedes Corporate Performance Management ist die Verbesserung der Unternehmensleistung, also das Corporate Performance Improvement (CPI): Hier geht es darum, schneller, bessere und günstigere Leistungen als die Mitbewerber zu erbringen, und zwar mit dem Resultat

- den gleichen Output mit weniger Aufwand zu realisieren,
- bei gleichen Output weniger (Durchlauf-)Zeit zu benötigen und
- langfristig komparative Vorteile und Kosteneinsparungen zu realisieren.

Das Corporate Performance Improvement bezieht sich in erster Linie auf die kurzfristig durch Projekte herbeigeführten, wesentlichen (sprunghaften) Verbesserungen der Corporate Performance. Das CPI verhilft dem Kontinuierlichen Verbesserungsprozess somit zu den erwünschten Quantensprüngen (▶ Abbildung 4).

Corporate Performance Improvement

Corporate Performance Improvement (CPI) beinhaltet die systematische und innovative Ausrichtung der Unternehmensstrategie und der Geschäftsprozesse auf die durchgängige Wertschöpfung aus Kundensicht im Kontext mit den Kritischen Erfolgsfaktoren (KEF) zur Steigerung des Unternehmenserfolges. Die Unternehmensorganisation und die Ressourcen sind konsequent auf dieses Ziel hin auszulegen. Damit dient das CPI der nachhaltigen Sicherung der wirtschaftlichen Zukunft des Unternehmens.

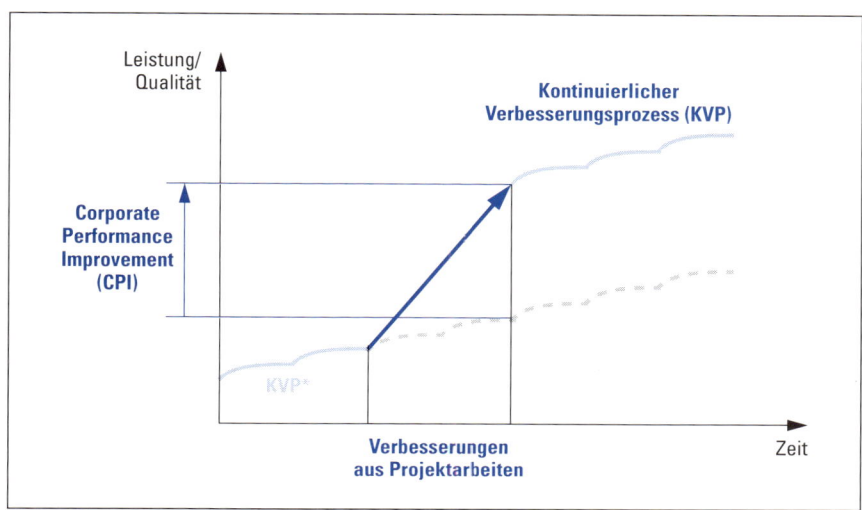

▲ Abbildung 4   Mit Projektergebnissen zur höheren Corporate Performance

2.3 | Corporate Performance Improvement (CPI)

2.3.1 Ziele und Potenziale des Corporate Performance Improvement

Das unmittelbare Ziel von Corporate Performance Improvement (CPI) ist immer das Realisieren von Ertragssteigerungen (Effektivität), Kostenoptimierungen (Effizienz) sowie die Verbesserung der Serviceleistung gegenüber dem Kunden und dies in kürzerer Zeit. CPI-Projekte lassen sich klar eruieren. Die Beantwortung folgender Fragen hilft weiter:

- In welchen Bereichen haben wir Potenziale zur Steigerung der Erträge?
- Wo können wir die Kosten weiter optimieren?
- Ist die Effektivität bzw. die Effizienz möglicher Stellhebel messbar? Bis wann lassen sich welche Potenziale realisieren (Quick Wins vs. mittelfristige Auswirkungen)?
- Welche Wechselwirkungen bestehen zwischen geplanten Projekten und dem Unternehmen sowie zum bestehenden Projektportfolio?

Für CPI gibt es auf der Ertrags- und Kostenseite verschiedene Wertpotenziale, wie in ▶ Tabelle 2 beispielhaft aufgeführt.

▼ Tabelle 2 Verschiedene Wertpotenziale (differenziert nach Ertragsteigerung und Kostenoptimierung)

	Ertragssteigerung (Effektivität)	**Kostenoptimierung (Effizienz)**
Strategische Führung	▪ Ausbau von Marktanteilen in wachsenden wie strategisch wichtigen Segmenten und damit Ausbau der Marktposition ▪ Erzielen von Skaleneffekten durch Überschreiten der kritischen Grösse bzw. Verbessern der Kostenstruktur ▪ Bestmögliche Integration in die Wertschöpfungskette des Kunden ▪ In-/Outsourcing	▪ Synergien durch Optimierung der strategischen Geschäftsfelder ▪ Nutzung der technischen Möglichkeiten ▪ Befähigung der Betroffenen

Operative Führung (Geschäftsteuerung)	▪ Verkürzung der «Time-to-Market»
	▪ Realisierung von erfolgreichen Innovationen
	▪ Kundenportfolio-Management
	▪ Cross Selling
	▪ Preismanagement
	▪ Service-Ausbau
	▪ Kundenbindungsprogramme
		▪ Limitierte Anzahl langfristiger Entwicklungsprojekte
		▪ Beachtung des «Design-to-Cost» in Entwicklungsprojekten von Produkten und Dienstleistungen
		▪ Kostenoptimierung, Wachstum, Bündelung, Zentralisierung etc.
		▪ Kapitaloptimierung durch:
		  □ Verringerung des Working Capital
		  □ Forderungsmanagement
		  □ Reduktion der Zukaufkosten
		  □ Systematisches Outsourcing
		  □ Produktivitätssteigerung
		  □ Senkung der Logistikkosten
		  □ …

2.3.2 Die Einbettung von CPI-Projekten ins Unternehmen

Wie bereits dargelegt, werden Probleme und Verbesserungspotenziale im Regelfall vom Unternehmen selbst identifiziert. Die daraus resultierenden CPI-Projekte werden bearbeitet, deren Resultate in das Unternehmen überführt und angewendet. Wichtig ist nun die richtige Einbettung der CPI-Projekte ins Unternehmen. ▶ Abbildung 5 zeigt, welche Abhängigkeiten und Verhaltenslogiken zwischen CPI-Projekten und Prozessen bestehen.

Die Gesamtwirkung eines Corporate Performance Improvement wird dann besonders positiv ausfallen, wenn Abhängigkeiten und Verhaltenslogiken in der Projektarbeit systematisch und von Anfang an berücksichtigt werden. Das Vorgehen der Consulting Governance unterstützt dies.

Ohnedies zeigt die Praxis, dass sich die grundlegenden Aufgaben von Führungs- und von Projektverantwortlichen oft gleichen.

Ein weiterer wichtiger Erfolgsfaktor im Corporate Performance Improvement ist natürlich die aufgabenadäquate Projektorganisation. Wo ist diese in der Unternehmensorganisation verankert? Können die Linienverantwort-

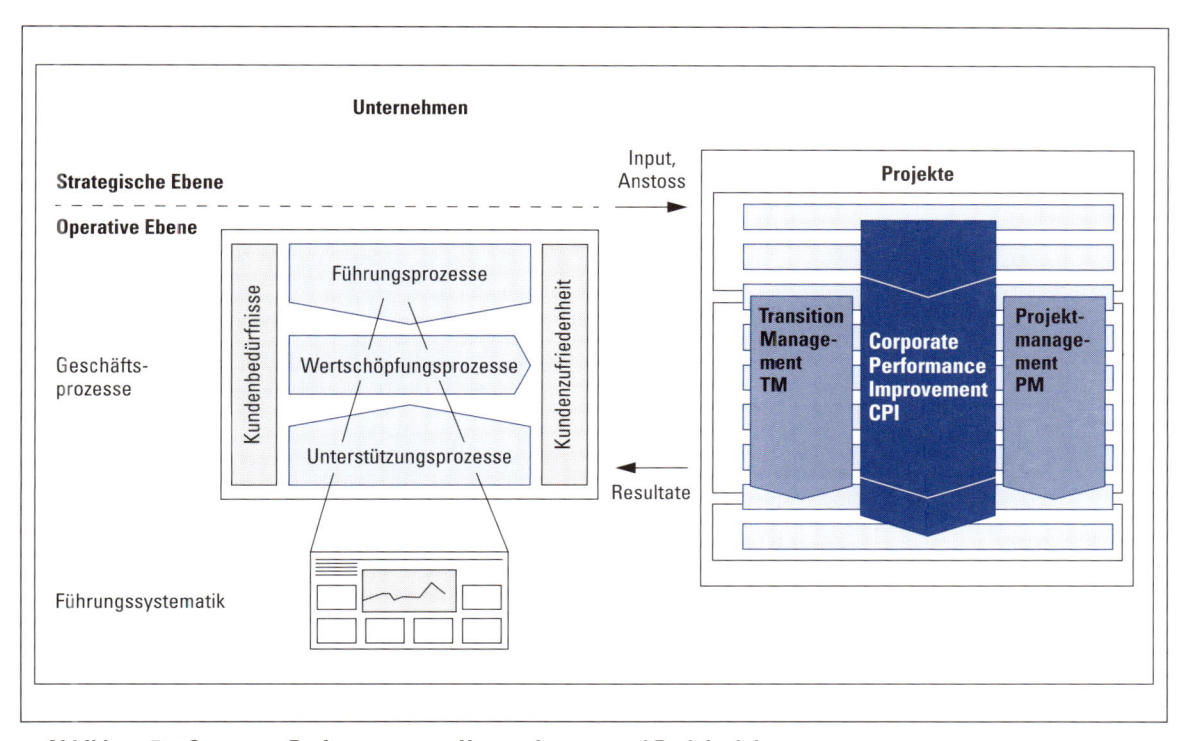

▲ **Abbildung 5** Corporate Performance aus Unternehmens- und Projektsicht

lichen zum geeigneten Zeitpunkt einbezogen werden? Letzteres ist sehr wichtig, denn nur so lassen sich die Gefahren von Friktionen reduzieren und nur dann kann sichergestellt werden, dass nach Projektende die Aufgaben wie gewünscht weitergeführt werden.

2.3.3
Gleiches Führungssystem für Unternehmen und Projekte

Im Idealfall wird zur Performance-Messung das im Unternehmen bereits eingesetzte Führungssystem angewandt. Dadurch stehen die mittelfristigen Unternehmensziele im Kontext zu den Zielen interner und externer Projekte. Falls notwendig, kann das System um noch erforderliche Führungsinstrumente ergänzt werden.

Generell können zur Absicherung der Projektperformance folgende Punkte dienen:

- Der Projekterfolg wird anhand bewährter Kennzahlen und Standard-Reports bewertet.
- Von Projektbeginn an ist ein spezifischer Führungszyklus, zum Beispiel mit einem «jour fixe» installiert.
- Die Interpretation von Resultaten ist eindeutig. Die Resultate werden kommuniziert.

Berechnen von Business Cases in Projekten

Die Berechnung von Business Cases in Projekten ist für alle am Projekt Beteiligten essenziell. Denn hierdurch werden die zu erwartenden Auswirkungen auf die Corporate Performance deutlich. Die aus dem Business Case resultierenden Rentabilitätsbetrachtung erleichtern beziehungsweise ermöglichen die Entscheidungsfindung wesentlich. In die Rentabilitätsbetrachtungen fliessen folgende Überlegungen mit ein:

- Projektbetrachtung inklusive Abhängigkeiten zu anderen (geplanten und laufenden) Projekten (Projektportfolio) und der Unternehmensplanung – als Grundlage für Projektentscheidungen, Priorisierung, Gesamtressourcenplanung etc.;
- Berechnung der Rentabilitäten der verschiedenen Handlungsoptionen.

Eine erste Grobschätzung zur Rentabilität wird schon bei der Problemidentifizierung als These formuliert. Danach erfolgt eine Verfeinerung beziehungsweise ein sukzessives Validieren des prognostizierten Corporate Performance Improvement.

Formulierung des Nutzens vor oder zu Projektbeginn

Der Nutzen jedes Projekts wird so früh wie möglich formuliert und kommuniziert. Zum Zeitpunkt der Initialisierung eines Projekts schafft dies unter anderem eine hohe Identifikation der Beteiligten, Akzeptanz, Bereitschaft zur Übernahme von Verantwortung, Mitsprache.

Die Nutzenformulierung kann zu kontroversen Diskussionen führen, welche wiederum wertvolle Inputs liefern können, die die Projektakzeptanz erhöhen.

Nutzennachweis nach Projektabschluss

Den Nutzennachweis nach Projektabschluss zu erbringen, ist eine der letzten echten Projektherausforderungen: Denn in der Regel werden zu diesem Zeitpunkt die Projektorganisation sowie das Projektführungssystem aufgelöst. Auch die laufenden Performance-Messungen des Projekts sind abgeschlossen. Somit ist es gelegentlich schwierig, den Nutzen objektiv darzustellen und mittelfristige Wirkungen aufzuzeigen.

Das Thema Nutzennachweis darf deshalb nicht erst nach Projektabschluss behandelt werden. Ideal ist die Thematisierung bereits vor dem Start des Projekts. Dabei reicht es durchaus aus, wenn zur späteren Nutzenfeststellung die Messpunkte und -verfahren, das Reporting und die dafür Verantwortlichen bestimmt werden.

2.4 Transition Management (TM)

Veränderungen und Widerstände

Jede Steigerung von Effektivität und Effizienz setzt Veränderungen im Unternehmen voraus. Und gegen diese Veränderungen gibt es im Unternehmen häufig offenen oder versteckten Widerstand. Immer wieder scheitern Projekte, weil diese Widerstände unterschätzt oder schlicht ignoriert werden. Die frühzeitige Berücksichtigung des Erfolgsfaktors «Veränderungsbereitschaft» ist deshalb in jedem Projekt von entscheidender Bedeutung. Die Disziplin Transition Management (TM) zielt auf eine zeitige Feststellung der potenziellen Widerstands-Risiken beziehungsweise auf deren angemessene Handhabung und Eliminierung. In den meisten Fällen geschieht dies durch einen frühen und umfassenden Einbezug der betroffenen Mitarbeiter in die Analysen, die Vorbereitungen und die Umsetzung von Veränderungsprojekten. Transition Management ist also das methodische Werkzeug zur Sicherstellung der Veränderungsbereitschaft und -fähigkeit.

Im Zentrum des Transition Management stehen nicht nur die direkt betroffenen Mitarbeiter und Teams, sondern letztlich auch das nur indirekt betroffene Individuum im Unternehmen. Die Einzelperson trägt schliesslich die Veränderungen im Unternehmen mit und ist entsprechend zu informieren beziehungsweise einzubeziehen. Erfolgreich vollzogene Veränderungen laufen für die einzelnen Personen in der Regel wie in ▶ Abbildung 6 dargestellt ab. Dieser Prozess wird gemeinhin mit dem Begriff «Veränderungskurve» oder «Tal der Tränen» bezeichnet.

Wie tief dieses «Tal der Tränen» ist, hängt natürlich von vielen Faktoren ab. Positive Einflüsse üben in der Regel jene Mitarbeiter aus, die bereits andere Veränderungen im Unternehmen erfolgreich erlebt haben. Eine Organisation, die über viele derartige Mitarbeiter verfügt, wird diese Prozesse sukzessive leichter bewältigen. Die zunehmende Veränderungsbereitschaft und -fähigkeit entsteht aus der positiven Erfahrung.

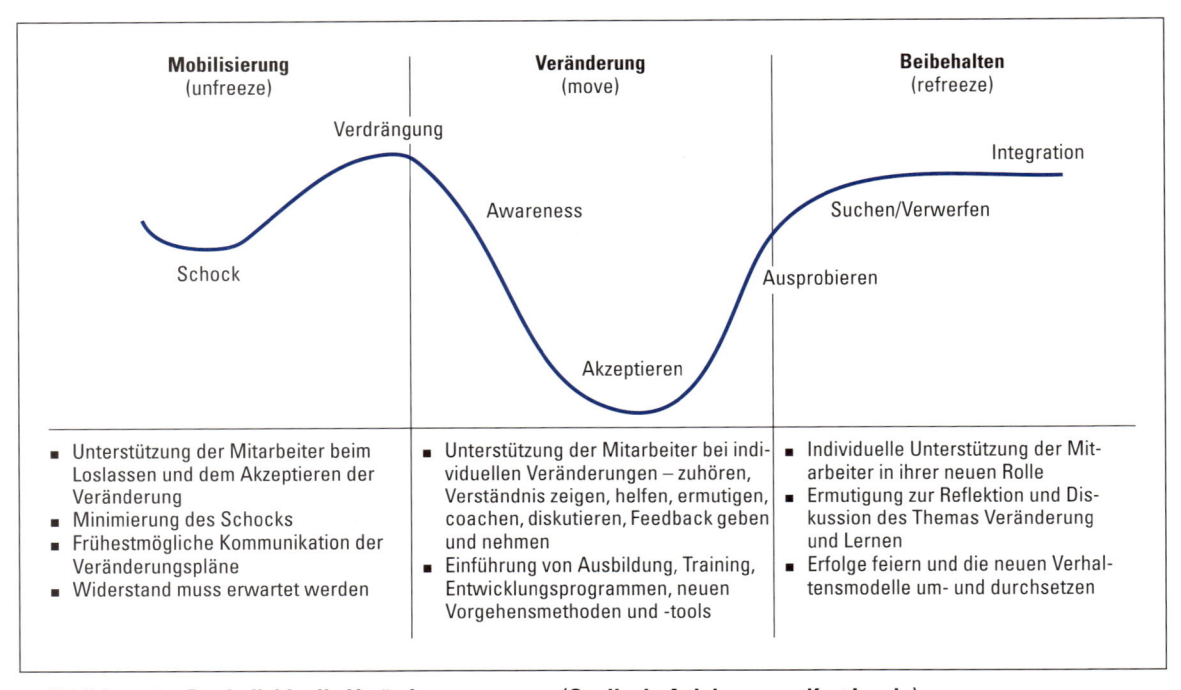

Mobilisierung (unfreeze)	Veränderung (move)	Beibehalten (refreeze)
- Unterstützung der Mitarbeiter beim Loslassen und dem Akzeptieren der Veränderung - Minimierung des Schocks - Frühestmögliche Kommunikation der Veränderungspläne - Widerstand muss erwartet werden	- Unterstützung der Mitarbeiter bei individuellen Veränderungen – zuhören, Verständnis zeigen, helfen, ermutigen, coachen, diskutieren, Feedback geben und nehmen - Einführung von Ausbildung, Training, Entwicklungsprogrammen, neuen Vorgehensmethoden und -tools	- Individuelle Unterstützung der Mitarbeiter in ihrer neuen Rolle - Ermutigung zur Reflektion und Diskussion des Themas Veränderung und Lernen - Erfolge feiern und die neuen Verhaltensmodelle um- und durchsetzen

Phasen (Kurve): Schock → Verdrängung → Awareness → Akzeptieren → Ausprobieren → Suchen/Verwerfen → Integration

▲ **Abbildung 6** Der individuelle Veränderungsprozess (Quelle: In Anlehnung an Kurt Lewin)

Aus diesem Grund ist es wichtig, dass zurückliegende Veränderungs-Erfahrungen bereits auf der Stufe «Problem identifizieren» erhoben und in den nächsten Stufen des Projekts durch ein systematisches Transition Management entsprechend genutzt werden.

Veränderungsbereitschaft

Folgende Parameter beeinflussen die individuelle Veränderungsbereitschaft und -fähigkeit ebenfalls positiv:

- Unterschiedliche Fähigkeiten und Persönlichkeitsmerkmale der Mitarbeiter führen generell zu einer höheren Lern- und Erfahrungsdynamik in den Teams.
- Je höher die Lernfähigkeit der Mitarbeiter, umso weniger Veränderungswiderstände kommen auf.
- Die in ein Projekt involvierten Führungskräfte tun sich in der Regel mit der Veränderung leichter als nicht involvierte Mitarbeiter. Dies wird beim Transition Management berücksichtigt. Die Mitarbeiter werden dort «abgeholt», wo sie punkto Veränderungsbereitschaft und -fähigkeiten stehen.

Die Aufgabe von Transition Management ist es somit, mit geeigneten Massnahmen Produktivitätseinbussen im Projektteam zu minimieren und den Veränderungsprozess schneller und reibungsloser zu gestalten. Dazu werden die aus der Veränderung resultierenden Risiken eindeutig benannt und entsprechende Aktionen zu deren Reduzierung umgesetzt. Alle diese Massnahmen mögen aufwändig erscheinen, sie sind es aber in aller Regel nicht.

Transition Management und Consulting Governance

In der Beraterbranche ist die Wichtigkeit des Veränderungsmanagements und des resultierenden Transition-Plans längst bekannt. Diese Disziplin wird von den meisten Beratungshäusern seit vielen auch Jahren angeboten. In der Praxis jedoch werden diese Aufgaben trotzdem meist schon in der Offertphase eines Beratungsauftrages herausverhandelt. Das ist kurzfristig gedacht und dient dem Projektziel (Leistungsverbesserung) nicht. Vielmehr beisst sich die Katze selbst in den Schwanz, weil sie auf vermeintlich Positivem beruht: Die Beratungsleistung wird günstiger, und damit steigen die Chancen des Beraters, das Mandat zu erhalten.

Consulting Governance sieht deshalb die Vernetzung der drei Disziplinen Corporate Performance Improvement (CPI), Transition Management (TM) und Projektmanagement (PM) als für den Projekterfolg zwingend vor. Es ist die Aufgabe des Beraters, dem Unternehmen aufzuzeigen, dass sich nur mit Transition Management der Erfolg sicher und nachhaltig einstellen wird. Transition Management ist also fester Bestandteil des Projektvorgehens und muss deshalb bereits in der Beratungsofferte verankert sein.

2.5 Projektmanagement (PM)

Das Projektmanagement (PM) stellt den instrumentellen und organisatorischen Rahmen sicher und ermöglicht die geordnete Abwicklung eines zumeist einmaligen Vorhabens. Dieser einmalige Charakter ist bei ergebnisverbessernden Beratungsaufträgen die Regel. Ausgehend von einer konkreten Zieldefinition umfasst das Projektmanagement die Planung und Steuerung aller Aktivitäten während des gesamten Projektablaufs. Erfolgreiches Projektmanagement erkennt Risiken frühzeitig und umgeht diese, damit der funktionale Nutzen des Vorhabens gesichert ist, das wirtschaftliche Ergebnis gemäss Vorgaben realisiert wird und die Termine eingehalten werden.

2 Consulting Governance und Performance Management

In Zusammenhang mit Consulting Governance bedeutet Projektmanagement, dass der Projektfortschritt dem Auftraggeber durch den Berater realistisch dargestellt wird. Positive wie negative Abweichungen von der Planung werden umgehend und offen zuhanden der Unternehmensverantwortlichen kommuniziert. Der Geschäftsleitung erhält für wichtige Entscheidungen realisierbare Konzeptvarianten und echte Handlungsalternativen inklusive Kosten-/Nutzenanalyse, realistische Terminpläne und eine Abschätzung von Risiken und Chancen.

Die Prozesse des Projektmanagements

Die Kernprozesse des Projektmanagements sind Planung und Controlling (Kontrolle und Steuerung). Administration und Kommunikation sind Unterstützungsprozesse. Der Kontext ist in ▶ Abbildung 7 dargestellt.

Zu Projektbeginn stehen ausschliesslich Planungsaufgaben an. Der Inhalt der Planung ist dabei nicht allein dem Projektergebnis gewidmet. Eigene Planungsbereiche sind beispielsweise die Bereitstellung der notwendigen Projektinfrastruktur, die Schulung von Projektmitarbeitern und Benutzern, die Thematik der Schnittstellen oder die Beschaffung und Inbetriebnahme neuer Infrastruktur.

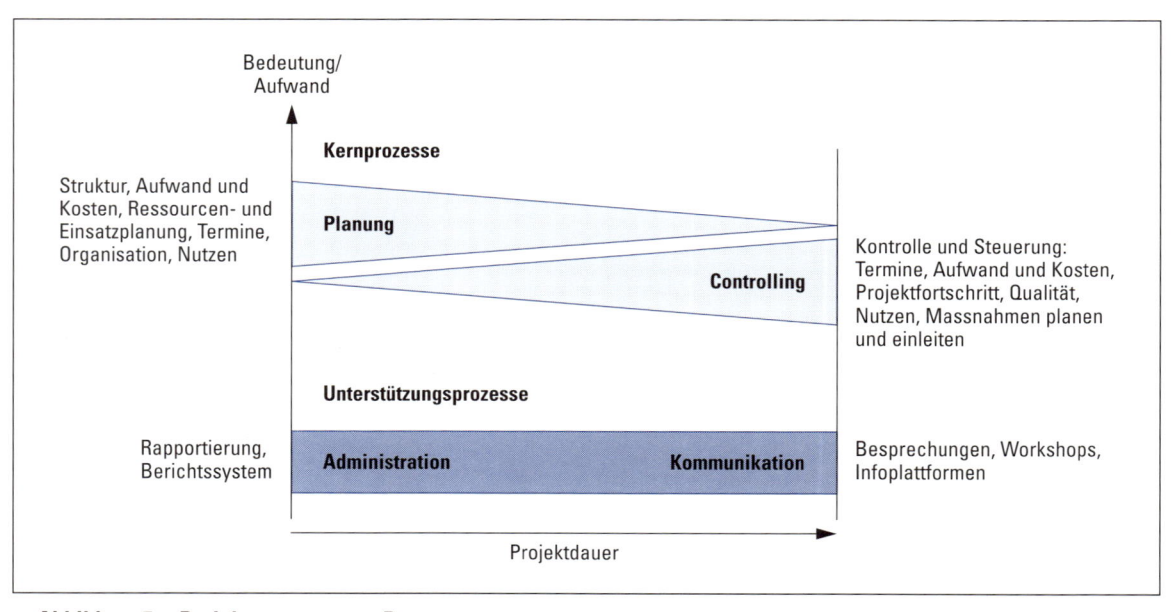

▲ **Abbildung 7** **Projektmanagement-Prozesse**

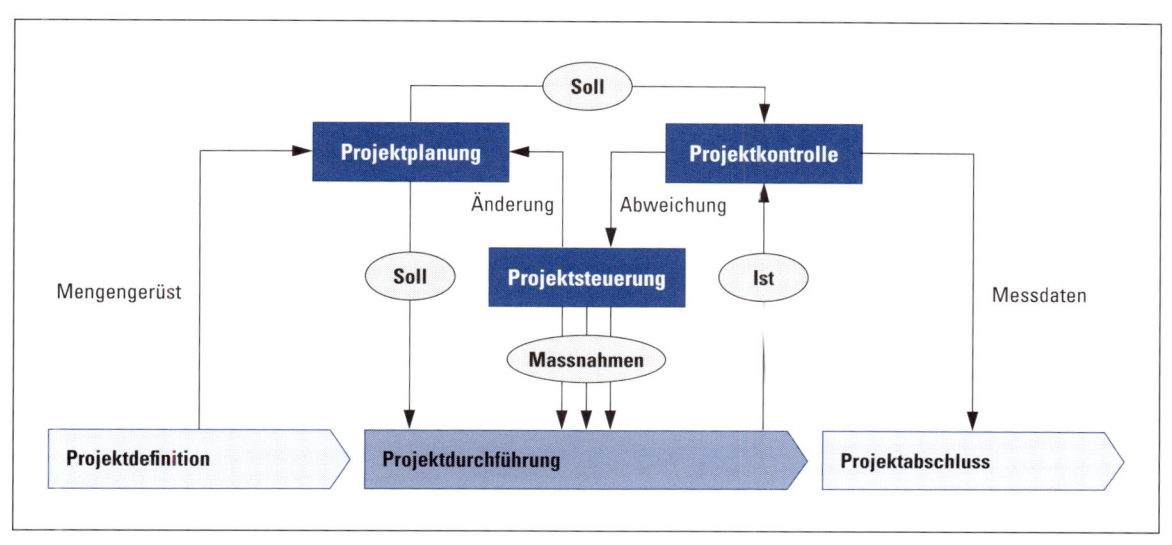

▲ Abbildung 8   Projektmanagement-Regelkreis

Mit zunehmender Projektdauer und dem damit verbundenen Projektfortschritt richtet sich der Fokus auf das Controlling. Bei Abweichungen von der Planung sind unbedingt Massnahmen oder schlimmstenfalls sogar Zielkorrekturen vorzunehmen.

Von der Projektdefinition bis zum Projektabschluss lebt das Projektmanagement aus dem Zusammenspiel des laufenden Vergleichens zwischen *Soll* und *Ist* mit Auslösung der notwendigen Massnahmen, um das Projekt auf Zielkurs zu halten. Deshalb ist der Projektmanagement-Regelkreis jederzeit abzusichern (◄ Abbildung 8).

2.6 Fazit für erfolgreiches Veränderungsmanagement

Das Management tut gut daran, ausserordentliche Herausforderungen über einen gesteuerten Prozess des Corporate Performance Improvement im Rahmen eines Projekts zu bewältigen. Dadurch können Regeln besser für die Situation definiert und eingehalten werden. Consulting Governance definiert dabei das Zusammenspiel zwischen Auftraggeber und Auftragnehmer.

3
Ziele, Grundsätze und Nutzen von Consulting Governance

Consulting Governance   Consulting Governance ist ein integrales Programm, das klare Regeln zur Zusammenarbeit zwischen Unternehmen und Berater vorschreibt, welches das zielorientierte Vorgehen in gemeinsamen Vorhaben sicherstellt und damit den nachhaltigen Erfolg bestimmt. Durch die konsequente Orientierung am Nutzen des Beratungskunden leistet Consulting Governance einen massgebenden Beitrag zur Erreichung der langfristigen Unternehmensziele – ausgehend von der Problemidentifizierung über das Lösungsdesign und die Umsetzung bis hin zur Erfolgskontrolle und zur permanenten Ergebnisverbesserung.

3.1 Grundlagen und Einsatzbereich von Consulting Governance

Berater und Auftraggeber

Grundlage von Consulting Governance ist, dass Spitzenleistungen immer dann entstehen, wenn zwischen Berater und seinem Auftraggeber eine partnerschaftliche und systematische Zusammenarbeit besteht. Nun ist mit dem Begriff Partnerschaft nicht gegenseitiges Schulterklopfen gemeint, sondern die gezielte Entwicklung, die Akzeptanz und die strikte Einhaltung von Regeln. Das Programm Consulting Governance

- vermittelt den Führungsverantwortlichen im Kundenunternehmen klare Vorgaben;
- ist in allen Beratungsprojekten von Auftraggebern und Beratern anwendbar;
- schliesst sämtliche Projektphasen und -stufen ein: von der Vorphase (also vor der Beraterauswahl) bis zur Sicherstellung der Nachhaltigkeit;
- regelt die Zusammenarbeit zwischen Berater und sämtlichen Anspruchsgruppen in einem Projekt;
- stellt durch die systematische Verquickung der Disziplinen Corporate Performance Improvement, Projektmanagement und Transition Management die konsequente Ausrichtung auf die strategischen Ziele des Auftraggebers sicher;
- sichert die Nachhaltigkeit des Projekterfolgs.

Warum Consulting Governance?

Warum braucht es Consulting Governance? Weil in der Vergangenheit zu viele Projekte nicht den gewünschten Erfolg zeitigten. Und weil der Erfolg in der Zusammenarbeit vom Zufall bestimmt wird, solange die Zusammenarbeit zwischen Auftraggeber und Berater nicht klar geregelt ist.

Natürlich gibt es eine Vielzahl von Projektmanagement-Methoden und Empfehlungen. Ihnen gemeinsam ist: Es fehlt ihnen oft an Systematik, vor allem aber zeigen sie nur, wie ein Projekt zu führen ist, nicht aber wie die Zusammenarbeit der am Projekt Beteiligten optimal zu gestalten ist.

Consulting Governance ist keine graue Theorie oder irgendein neues Managementmodell. Consulting Governance basiert auf konkreten Praxiserfahrungen, ist die Essenz erfolgreich realisierter Projekte. Dabei ist Consulting Governance nichts grundsätzlich Neues. Alle Vorgehensweisen, Beispiele, Methoden und Resultate wurden x-mal erprobt und realisiert. Neu ist die Reflexion und die Systematisierung der kunden- wie beraterseitig gemachten Erfahrungen und Erkenntnisse, das Herausschälen der Erfolgsfaktoren sowie die Formulierung und Klärung von Grundsätzen, Methoden und Regeln.

Nicht alle Beteiligten in einem Projekt haben gleichgerichtete oder gar die gleichen Interessen. Ein Projektsteuerungsausschuss hat daher sicherzustellen, dass die jeweiligen Projektleiter und die externen Berater ganzheitlich denken, planen und handeln. Sie dürfen die Unternehmensziele nicht aus den Augen verlieren und der laufende Betrieb darf durch das Projekt nicht zu stark beeinträchtigt werden. ▶ Abbildung 9 veranschaulicht dieses Spannungsfeld für Veränderungsprojekte.

Das eigentliche Projektteam hat hingegen kurzfristige Ziele: nämlich den Projekterfolg, eine hohe Effizienz, die Verfügbarkeit von Ressourcen etc.

Das Spannungsfeld zwischen Steuerungskomitee und Projektleitung sieht ähnlich aus wie zwischen Verwaltungsrat und Geschäftsleitung. Es gibt also offensichtlich Parallelen zwischen Consulting Governance und Corporate Governance.

Steuerungskomitee
- Transparenz
- Nachhaltigkeit der Projektergebnisse
- Positive Auswirkung auf die Corporate Performance und damit Return on Investment
- Akzeptanz durch alle Beteiligten im Projekt und im Unternehmen
- Keine Beeinträchtigung des operativen Geschäfts
- Keine Einbussen in der kurzfristigen Unternehmensperformance durch die Absorption von Ressourcen

Veränderungsprojekte

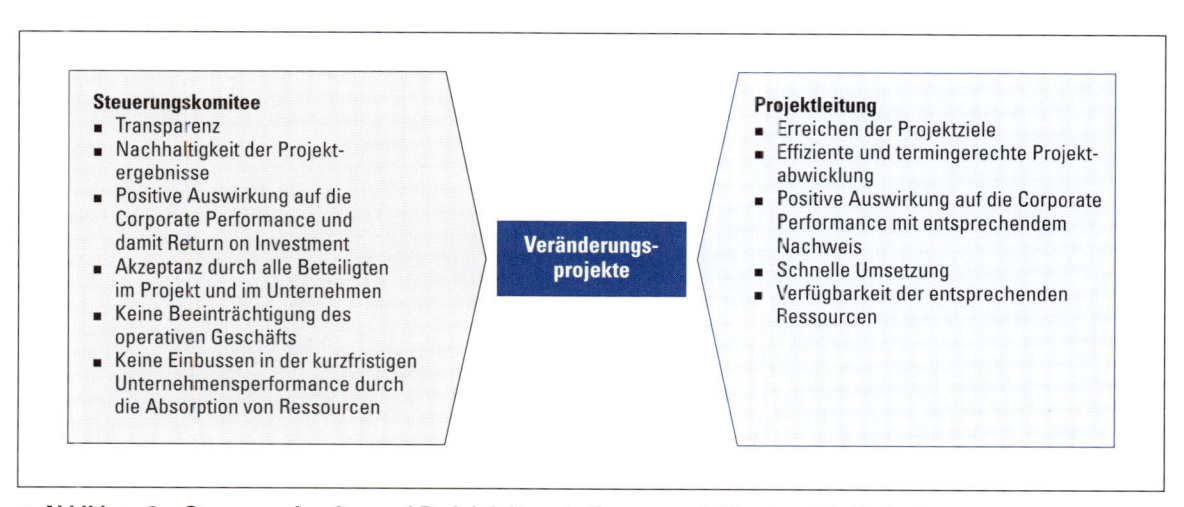

Projektleitung
- Erreichen der Projektziele
- Effiziente und termingerechte Projektabwicklung
- Positive Auswirkung auf die Corporate Performance mit entsprechendem Nachweis
- Schnelle Umsetzung
- Verfügbarkeit der entsprechenden Ressourcen

▲ Abbildung 9   Steuerungskomitee und Projektleitung im Spannungsfeld unterschiedlicher Interessen

3.2 Die fünf Säulen von Consulting Governance

Consulting Governance ist eine Ergänzung zum bekannten Vorgehen des Projektmanagements, aber kein Ersatz und keine Konkurrenz dazu. Consulting Governance steuert das Projektmanagement und optimiert die Zusammenarbeit zwischen Unternehmen und Beratungsfirma durch eine Reihe von Verhaltensgrundsätzen und Regeln.

Consulting Governance basiert auf fünf, in engem Bezug zueinander stehenden Säulen (▶ Abbildung 10):

1. *Verhaltensgrundsätze und Regeln für die Zusammenarbeit zwischen Unternehmen und Beratungsfirma:* Klare Verhaltensregeln und Grundsätze führen zu einer Steigerung der Transparenz in Bezug auf die gegenseitigen Erwartungen und damit zu einer Vermeidung von Missverständnissen.
2. *Transparente und gelebte Werthaltung:* Die Kenntnis der Werthaltung des Partners versetzt den jeweils anderen Partner in die Lage, dessen Verhalten in kritischen Situationen zu verstehen und entsprechend vorausschauend zu handeln. Sie schafft somit Berechenbarkeit, Verlässlichkeit und Vertrauen – auf beiden Seiten.
3. *Einbezug aller relevanten Anspruchsgruppen:* Von allen relevanten und betroffenen Gruppen sind die jeweiligen Projektansprüche und die Bewertung der Projektziele bekannt. Die Kenntnis dieser Interessen ermöglicht es, potenzielle Probleme frühzeitig zu erkennen und durch Anpassungen in der Zieldefinition oder der Vorgehensweise zu umgehen.

Consulting Governance ist eine Ergänzung zum bestehenden Projektvorgehen, d.h. es steuert das Projektmanagement und optimiert die Zusammenarbeit zwischen Unternehmen und Beratungsfirma durch eine Reihe von Verhaltensgrundsätzen und Regeln.

Consulting Governance

| 1. Verhaltensgrundsätze und Regeln für die Zusammenarbeit | 2. Transparente und gelebte Werthaltung | 3. Einbezug aller relevanten Anspruchsgruppen | 4. Ganzheitliche und vollständige Vorgehensmethodik | 5. Klarer Umsetzungsfokus von Beginn weg |

▲ Abbildung 10   Consulting Governance – die fünf Säulen

4. *Ganzheitliche und vollständige Vorgehensmethodik:* Sie stellt sicher, dass die Projektziele direkt aus den Unternehmenszielen abgeleitet werden und dass keine wichtigen Projektschritte vergessen werden (z. B. Vorbereitung vor dem eigentlichen Projekt und Erfolgskontrollen während und nach dem Projekt).
5. *Klarer Umsetzungsfokus von Beginn weg:* Nicht irgendwelche Zwischenkonzepte, sondern die nachhaltig wirksame Umsetzung ist das Ziel jedes Projekts. Dies wird durch die Verquickung der Disziplinen Corporate Performance Improvement, Transition Management und Projektmanagement sichergestellt.

Auf der Basis dieser fünf Säulen der Consulting Governance lassen sich folgende Resultate erzielen:

- Es werden keine wichtigen Projektschritte (weder vor noch nach dem eigentlichen Projekt) vergessen.
- Die Anspruchsgruppen werden korrekt adressiert, entsprechende Rollen und De-Eskalationsvorgehen werden definiert.
- Die Umsetzung der Lösung geniesst höchste Priorität.
- Die von der Veränderung betroffenen Mitarbeiter, Kunden, Lieferanten etc. werden einbezogen.
- Berechenbarkeit, Verlässlichkeit und Vertrauen sind die Basis der Zusammenarbeit zwischen Unternehmen und Beratern.
- Die Projektziele stehen im Einklang mit der Unternehmensstrategie.

3.3 Ziele von Consulting Governance

Consulting Governance zielt sowohl qualitativ wie quantitativ auf die Steigerung der Nachhaltigkeit der Projektarbeit und auf die Schaffung eines nachweisbaren Mehrwerts (u. a. Wachstum, Profitabilität, Innovationskraft) innerhalb eines definierten Zeitraums.

3.3.1 Qualitative Ziele

Durch Consulting Governance werden folgende qualitativen Ziele erreicht:

- Consulting Governance führt in der Projektabwicklung zu einer erheblichen Steigerung von Effektivität und Effizienz.

- Im Rahmen von Consulting Governance werden alle relevanten Anspruchsgruppen bestmöglich in das Projekt integriert. Dadurch entsteht eine umfassende Betrachtungsweise, was wiederum die Nutzbarmachung aller verfügbaren Humanressourcen fördert.
- Consulting Governance zielt durch den proaktiven Einbezug aller Anspruchsgruppen darauf ab, eine möglichst hohe Akzeptanz des Projekts und seiner Ergebnisse zu erreichen.
- Consulting Governance macht die Leistungen der Unternehmensberatung über alle Phasen und Stufen des Projekts transparent.
- Dank Consulting Governance lassen sich transparente Leistungsnachweise und eine (selbst-)kritische Beurteilung der am Projekt Beteiligten realisieren.
- Consulting Governance setzt auf die proaktive Information des Auftraggebers bezüglich des aktuellen Projektstands und Projektfortschritts.
- Die Projektresultate sind transparent und vergleichbar, da das im Rahmen von Consulting Governance angewendete Führungssystem/Reporting auf das allgemein gebräuchliche Führungssystem des Unternehmens abgestimmt ist.

3.3.2 Quantitative Ziele

Folgende quantitativen Ziele können durch Consulting Governance erreicht werden:

- Consulting Governance senkt die Investitions- bzw. Projektkosten.
- Aufgrund der kürzeren Gesamtlänge und geringer Nachbesserungsarbeiten während und am Ende des Projekts verkürzt sich die Projektdauer beträchtlich.
- Dank einer intensiven Initialisierungsphase des Projekts resultiert eine qualitative Ergebnissteigerung. Dies reduziert den Aufwand für Nachbesserungsarbeiten erheblich.
- Durch die konsequente Anwendung der Grundsätze des Corporate Performance Improvement lässt sich ein höherer Return on Investment für Projekte sicherstellen.
- Die stringente Vorgehensweise und die angemessene zeitliche Investition in die Projektinitialisierung ermöglichen eine schnellere Abarbeitung der Aufgabenpakete. Die Projektarbeit wird auf das für die Zielereichung wirklich Notwendige konzentriert.
- Die systematische Projektinitialisierung macht dessen Ziele für alle beteiligten Parteien transparent. Die Aufgaben können deshalb schneller, zielgerichteter und mit weniger Korrekturen erfüllt werden.

3.4 Grundsätze von Consulting Governance

Die Grundsätze von Consulting Governance regeln die Merkmale und den Rahmen der Zusammenarbeit zwischen Unternehmen und Unternehmensberatern. Die Kategorisierung erfolgt nach prinzipiellen, strukturellen, instrumentellen und personellen Aspekten.

3.4.1 Prinzipielle Aspekte

Consulting Governance schafft ein einheitliches, gemeinsames Verständnis bezüglich der Aufgaben von Auftraggebern und Unternehmensberatern hinsichtlich

- der vorhandenen Bedürfnisse aller Anspruchsgruppen,
- der zu lösenden Anforderungen,
- des zu erwartenden Nutzens,
- der entscheidenden Rahmenbedingungen.

Der Beratungsansatz ist die Grundlage zur Durchführung der Bedürfnisabklärung und der Nutzendefinition. Die Erwartungshaltung aller Vertragsparteien wird explizit im Vertragsdokument (Beratungsvertrag) festgehalten.

Da Consulting Governance grundsätzlich darauf abzielt, dass das Projektergebnis nachhaltig wirksam ist, werden zuerst in jeder Phase und Stufe des Projekts die strategischen Fragestellungen und Kritischen Erfolgsfaktoren behandelt. Sie bilden die Referenzlinie.

Das ganzheitliche und systematische Projektvorgehen erfordert laufend die Verquickung der drei Disziplinen Corporate Performance Improvement, Transition Management und Projektmanagement. Das Corporate Performance Improvement ist nicht das mögliche Ziel, sondern muss *das* Pflicht-Ziel eines jeden Veränderungsprojekts sein. Ein effektives Transition Management (Sicherstellung der Bereitschaft zur Veränderung bei allen Beteiligten und somit Risiko- und Veränderungsmanagement) und ein adäquates Projektmanagement (im Sinne der Logik der Zielerreichung) sind die unabdingbaren Voraussetzungen.

3.4.2 Strukturelle Aspekte

Die Organisation der Zusammenarbeit und die Rollen der einzelnen Leistungspartner sind zweifelsfrei identifiziert und definiert. Dies ermöglicht es, die Grundsätze der Zusammenarbeit im Projekt- und De-Eskalationsmodell (das z. B. das Vorgehen bei Konflikten regelt) zu formulieren.

Das zeigt: Consulting Governance basiert auf Partnerschaft und nicht auf dem Grundsatz «Ich Auftraggeber – du Berater». Abhängigkeiten beziehungsweise Unabhängigkeiten sind in jedem Fall und zu jeder Projektphase und -stufe klar. Natürlich stehen die Attribute Partnerschaft und Konflikte immer im Kontext zur Frage: «Welche Werthaltungen leben wir in der täglichen Zusammenarbeit, um die definierten Herausforderungen zu bewältigen?»

Ein weiterer zentraler struktureller Aspekt ist die Qualitätssicherung der Zusammenarbeit sowie des laufenden Projektvorgehens.

3.4.3 Instrumentelle Aspekte

Die Realisierung des Programms Consulting Governance sichert die faire Zusammenarbeit zwischen Unternehmen und Berater. Für diese Partnerschaft braucht es Instrumente, welche Transparenz und die jederzeitige Nachvollziehbarkeit von Entwicklungen sicherstellen.

Diese Instrumente dienen unter anderem der umfassenden Berichterstattung, die ein kritisches Hinterfragen fördert und dadurch konstruktive Beiträge zur Problemlösung generiert.

Consulting Governance fordert darüber hinaus Dokumentationssysteme, die den Entwicklungsprozess eines Projekts festhalten. Die daraus gewonnenen Erkenntnisse können in eine Wissensdatenbank einfliessen.

3.4.4 Personelle Aspekte

Wenn sich ein Bahnkunde am Fahrkartenschalter für eine Zugreise beraten lässt, dann hat das Resultat der Beratung kaum etwas mit den Persönlichkeiten des Kunden oder des Bahnmitarbeiters zu tun. Es ist auch egal, ob sich der Bahnkunde und der Berater gegenseitig mögen oder gar vertrauen.

In der Unternehmensberatung ist dies anders. Unternehmensberatung ist seit jeher eine Dienstleistung, deren Ergebnisse stark von den jeweils involvierten Persönlichkeiten und dem gegenseitig entgegengebrachten Vertrauen abhängig sind.

Wo aber Vertrauen die Grundlage von Gemeinsamkeit ist, sind ethische Regeln von zentraler Bedeutung. Sie sind die Voraussetzung, dass sich Menschen verstehen, verständigen, sich schliesslich auf ein gemeinsames Ziel einigen und dieses dann gemeinsam verfolgen. Unter Ethik ist hier eine bindende Vorgabe zu verstehen, nach welchen Regeln, Normen, Werten, Geboten und Verboten sich Berater und Auftraggeber verhalten.

International ist die Werthaltung zwischen Berater und Unternehmer als spezifische Berufsethik durch den International Council of Management

Consulting Institutes (ICMCI) geregelt. Die dort aufgestellten «Best Practice in Ethics»[1] sind für die Mitglieder bindend. Für Schweizer Berater[2] gibt es die CMC-Zertifizierung. Diese orientiert sich am Verhaltenskodex der ASCO und steht mit den internationalen Praktiken der FEACO[3] im Einklang.

3.4.5 Ethik und Consulting Governance

Jeder, der in der Wirtschaft oder anderswo Entscheidungen zu treffen hat, tut dies nach einer wie auch immer ausgeprägten Ethik. Doch warum braucht es eine gemeinsame Ethik von Auftraggebern und Beratern?

Ethik

- *Unvollständige Verträge:* Jeder Vertrag beschreibt die Regeln der Zusammenarbeit. Doch perfekte, vollständige und «wasserdichte» Verträge gibt es nicht. Es kann sie nicht geben. Das heisst: Jeder Vertrag enthält immer einen Spielraum für eigene Interpretation und damit entsprechende Konfliktpotenziale. Haben alle Vertragspartner eine jeweils andere Werthaltung, kommt es unweigerlich zum Konflikt. Besteht aber eine gemeinsame Ethik, ist die Voraussetzung für eine gute Zusammenarbeit weit grösser.
- *Komplexität der Projekte:* Dass die Projekte in den Unternehmen immer komplexer werden, ist eine Binsenweisheit. Nun ist es für einen Berater unmöglich, diese Komplexität schon zu Beginn eines Projekts vollständig zu erfassen und daraus Regeln für das gemeinsame Verhalten und Arbeiten abzuleiten. Die gemeinsame Ethikgrundlage ermöglicht also die Zusammenarbeit über die gesamte Projektdauer, auch wenn am Anfang noch nicht alle Informationen zur Definition von Regeln etc. vorliegen.
- *Unsicherheiten:* Zwar lassen sich künftige Entwicklungen aufgrund von Wissen, Erfahrungen und Informationen oft weit gehend prognostizieren. Letzte Sicherheit, zum Beispiel zur Zukunft eines Geschäftssegments, kann es aber nie geben. Zu viele Einflussfaktoren entziehen sich der wirklichen Kontrolle. In diesem Sinne hat eine gemeinsame Ethik eine Sicherheitsfunktion.
- *Ziel- und Rollenkonflikte, Interessenüberschneidungen und -konflikte:* Im Projekt nimmt jeder Partner verschiedene Ziele, Interessen und Rollen wahr, die sich nicht alle von vornherein klar definieren lassen. Zwangsläufig treten deshalb Widersprüche, Konflikte etc. auf. Eine gemeinsame Ethik ist die Grundlage zur Lösung dieser Widersprüche und Konflikte.

---

1 http://www.icmci.org/BestPractices/
2 Analoge Regelungen existieren unter anderem auch in Deutschland und Österreich.
3 European Federation of Management Consultancies Associations, http://www.feaco.org

Werthaltung Die im Rahmen von Consulting Governance geforderte Werthaltung ist somit das Regulativ, wenn

- keine eindeutige gesetzliche oder vertragliche Grundlage besteht,
- Regeln und Vorschriften interpretationsbedürftig sind,
- widersprüchliche Regeln oder Vorschriften bestehen,
- die Komplexität und Unsicherheiten einen grossen Interpretationsspielraum zulassen,
- widersprüchliche Anforderungen verschiedener Anspruchsgruppen bestehen oder
- Regeln weder positiv noch negativ sanktioniert werden.

Grundsätze Wichtige Grundsätze von Consulting Governance sind:

- Prinzip von Treu und Glauben: Beide Parteien sind für die jeweils andere Seite berechenbar.
- Alle geltenden Gesetze und Vorschriften werden akzeptiert und befolgt.
- Entscheidungen werden mit einer weitestgehenden Objektivität getroffen. Die dafür erforderlichen Grundlagen sind eindeutig definiert, transparent und nachvollziehbar.
- Alle mündlichen und schriftlichen Absprachen werden eingehalten.
- Vorgeschlagene Absprachen zwischen den Parteien, die dem geltenden Recht oder den guten Sitten widersprechen, werden vom Berater oder dem Auftraggeber, der sich der Werthaltung Consulting Governance verpflichtet hat, unaufgefordert hinterfragt und zurückgewiesen.

3.4.6 Ethik versus vertragliche Regelung

Kapitel 2 «Consulting Governance und Performance Management» zeigt: Die «Ethik» regelt jenes Verhalten der am Projekt Beteiligten, das in Verträgen entweder nicht geregelt ist oder sich nicht regeln lässt.

Dies kann freilich nicht bedeuten, dass man auf das Erstellen von Regeln leichtfertig verzichten könnte, weil «wir ja eine gemeinsame Ethik haben». Eine gemeinsame Ethik und verabschiedete Regeln zur Zusammenarbeit sind keine sich konkurrenzierenden oder gar ersetzenden Mechanismen. Sie ergänzen einander: Je mehr vertraglich geregelt ist, umso weniger kommt die individuelle Ethik zum Zuge. Und je substanzieller die gemeinsame Werthaltung ist, umso weniger ist vertraglich zu regeln.

3.4.7 Verhalten bei Interessenkonflikten

Auch wenn Auftraggeber und Berater eine gemeinsame Werthaltung formulieren und Regeln für die Zusammenarbeit definieren, kann es – aus welchen Gründen auch immer – zwischen den beiden Parteien zum Interessenkonflikt kommen. Wie kann dieser gelöst werden? In Anlehnung an die Verhaltenskodex-Ausführungen der ASCO und FEACO (diese sind unterschiedlich, ergänzen sich aber sehr gut) sieht Consulting Governance eine Gewichtung der unterschiedlichen Interessen nach folgendem Regelraster vor:

1. Oberste Priorität geniessen die Interessen der Öffentlichkeit, der Gesellschaft und des Staates. Der Berater ist verpflichtet, dass Recht und gute Sitten die ihnen zukommende Beachtung finden. Weder darf der Berater aktiv dagegen verstossen noch passiv einen Verstoss durch einen beteiligten Dritten hinnehmen. Mit dieser Forderung verfährt der Berater in Analogie zu jeder Unternehmensethik. Durch die oberste Priorität dieser Regel werden Rahmenbedingungen für Transparenz, Legalität und Legitimität der Zusammenarbeit von Berater und dem Unternehmen geschaffen.
2. In zweiter Priorität stehen die Interessen des Auftraggebers, des Unternehmens. Der Berater darf das Unternehmensinteresse nur dann verletzen, wenn die Regel 1 durch das Unternehmen selbst oder durch einen seiner Beauftragten klar und eindeutig verletzt wird.
3. Die Interessen des Beraters kommen an letzter Stelle. Besteht die Gefahr, dass Recht missachtet, Unternehmensinteressen verletzt oder das Vertrauen der Öffentlichkeit in den Berufsstand geschädigt werden könnten, muss der Berater für sich selbst einen wirtschaftlichen Schaden hinnehmen.

3.4.8 Grundsätze zur Werthaltung

In Übereinstimmung mit dem nationalen Verhaltenskodex für Berater legt Consulting Governance die folgenden ethischen Grundsätze für die Zusammenarbeit mit dem Unternehmen fest:

- Grundsatz der Diskretion,
- Grundsatz der Bildung realistischer Erwartungen,
- Grundsatz der Festlegung von «messbaren» Zielen,
- Grundsatz der Offenlegung von Interessenüberschneidungen,
- Grundsatz der Professionalität eingegangener Mandate,
- Grundsatz der schriftlichen Vereinbarung des Mandats,
- Grundsatz der Unterlassung der Abwerbung von Mitarbeitern eines beratenen Unternehmens,
- Grundsatz der Compliance,
- Grundsatz der Fairness im Umgang mit anderen Beratern,
- Grundsatz der Verantwortung für die eigenen Beauftragten.

Diese Grundsätze werden laufend auf ihre Erfüllung hin überprüft und bei Bedarf entsprechende Massnahmen eingeleitet.

3.4.9 Schlussfolgerung

Die Einhaltung der vorgängig beschriebenen Regeln der Consulting Governance ist unverzichtbar, wenn die Zusammenarbeit beider Parteien von Glaubwürdigkeit und gegenseitigem Vertrauen geprägt sein soll. Jedoch – auch wenn Glaubwürdigkeit und Vertrauen die notwendigen Grundpfeiler einer Partnerschaft sind – sie sind keine hinreichenden Verursacher des Projekterfolgs und der Nachhaltigkeit der Projektergebnisse. Aus diesem Grund setzt Consulting Governance darauf, die Werthaltung wo nötig durch ein System adaptiver Regelungen zu ergänzen.

3.5 Die Erfolgsfaktoren von Consulting Governance

70 Prozent aller Unternehmensfusionen scheitern, 80 Prozent aller Change-Projekte werden als erfolglos bezeichnet. Jeder kennt diese und andere Zahlen. Warum viele Verbesserungs- oder Veränderungsprojekte ihr Ziel verfehlen, ist klar: Weil die Beteiligten meist ein rein lineares Vorgehen wählten und ausserhalb ihrer jeweiligen Perspektive gelegene Einflussfaktoren oder Anspruchsgruppen nicht berücksichtigen. Das Programm Consulting Governance setzt aus diesem Grund auf die Realisierung folgender Erfolgsfaktoren:

- *Integraler Ansatz:* Corporate Performance Improvement und Methoden des Transition- und des Projektmanagements werden integral angewandt. Dies will heissen: Jedes Optimierungsprojekt ist auch ein Veränderungsprojekt. Vice versa gilt dasselbe. Durch die systematische Verknüpfung dieser drei Disziplinen lässt sich sicherstellen, dass alle projektspezifischen Bedürfnisse (und damit alle erfolgs- wie misserfolgsrelevanten Faktoren) berücksichtigt und behandelt werden.
- *Vernetztes Vorgehen:* Das in ▶ Abbildung 11 dargestellte Vorgehensmodell setzt auf eine Vernetzung und damit auf eine teilweise Parallelisierung der einzelnen Stufen beziehungsweise deren Aktivitäten. Dadurch lassen sich die Projektdauer verkürzen, Projekterträge steigern und die Projektkosten senken.

3.5 Die Erfolgsfaktoren von Consulting Governance

- *Projektvorgehen:* Consulting Governance definiert klar und deutlich das Vorgehen im Projekt (▶ Abbildung 11). Jeder kennt seine Pflichten. Sämtliche Phasen und Stufen sind eindeutig festgelegt (Details dazu sind im Kapitel 5 «Die Umsetzung von Consulting Governance in die Praxis» aufgeführt).
- *Rollen und De-Eskalationsvorgehen:* Bei Projektbeginn werden alle Rollen der am Projekt Beteiligten eindeutig definiert. Darüber hinaus wird festgelegt, was im Fall einer Eskalation (bei Regel- und Planabweichungen) zu tun ist.

Vorbereiten durch Unternehmen
1. Problem identifizieren
2. Berater auswählen

Durchführen durch Unternehmen und Consultant
3. Projekt initialisieren
4. Transparenz schaffen
5. Lösungsdesign erarbeiten
6. Masterplan umsetzen
7. Projekt abschliessen

Anwenden durch Unternehmen
8. Nachhaltigkeit überprüfen
9. Laufende Ergebnisverbesserung

Zentrales Dreieck: Corporate Performance Improvement, Kunde, Transition Management, Projektmanagement

Management der Anspruchsgruppen

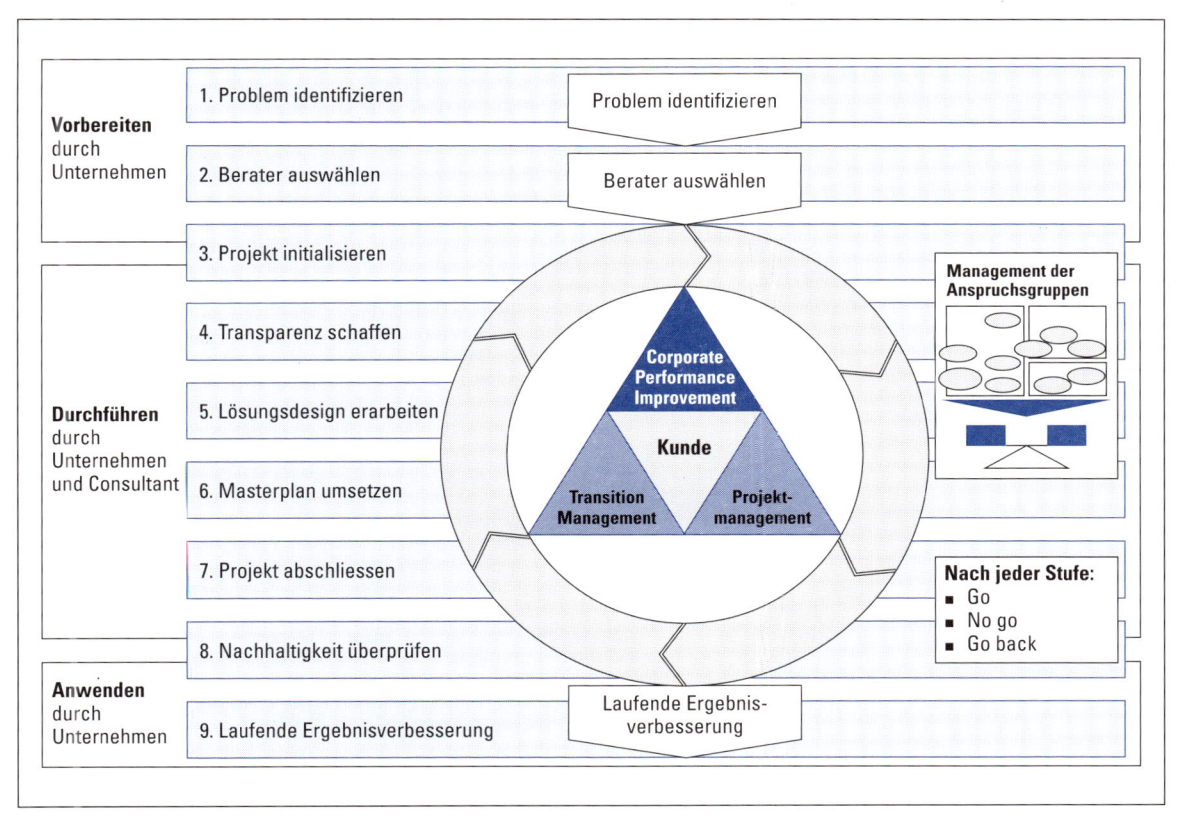

Nach jeder Stufe:
- Go
- No go
- Go back

▲ Abbildung 11 Das Vorgehen der Consulting Governance

3.6 Anspruchsgruppen und Eskalation im Projekt

Wie bereits mehrfach erwähnt, ist Transparenz aus Sicht des Programms Consulting Governance eine unabdingbare Voraussetzung für den Projekterfolg. Wenn alle Fakten und Faktoren transparent sind, kann die Projektleitung geeignete Massnahmen und Vorkehrungen treffen.

Transparenz

Transparenz ist auch hinsichtlich der diversen Anspruchsgruppen gefordert, die von einem Projekt betroffen sind. Es ist zu unterscheiden zwischen bekannten Einflussgruppen und so genannten Ad-hoc-Einflussgruppen (Umweltgruppen, Gewerkschaften, Kleinaktionäre etc.). Ob die Ansprüche einer Gruppe zu berücksichtigen sind, wird sorgfältig und pragmatisch abgewogen.

- Positive Einflüsse dieser Gruppen als Treiber für das Transition Management werden unter Berücksichtigung der damit verbunden Kosten in das Projektvorgehen einbezogen.
- Aber auch Gruppen, die potenziell einen negativen Einfluss auf den Projekterfolg ausüben könnten und damit Barrieren für das Transition Management bilden, können, ja sollten unter Umständen ins Team aufgenommen werden.

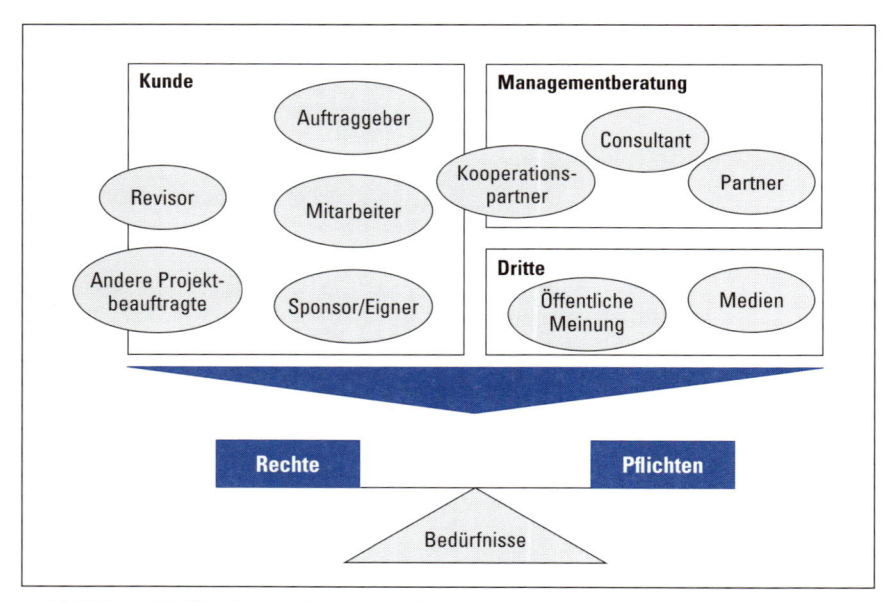

▲ **Abbildung 12 Die Anspruchsgruppen in der Projektarbeit**

- Die Projektorganisation bindet die Anspruchsgruppen in den Prozess ein. Da durch diese Gruppen die CPI-Resultate beeinflusst werden, ist es entscheidend, dass diese dadurch ein Verständnis für die Veränderungen entwickeln können.

Consulting Governance sieht vor, dass zu Beginn jeder Vorgehensstufe die jeweils relevanten Anspruchsgruppen identifiziert und nach ihrem Einfluss auf den Erfolg gewichtet werden. Dieser Einfluss kann direkter oder auch indirekter Natur sein. Vor allem die indirekten Anspruchsgruppen, die selbst im Projekt keine verantwortliche Aufgabe innehaben, können sich als Treiber oder als Barrieren für die Umsetzung herausstellen. Hier ist das Transition Management gefordert.

Gruppen mit direktem Einfluss werden in das Projekt integriert. Durch Partizipation und Übernahme von Verantwortung lassen sich passive Widerstände reduzieren oder vermeiden. ◄ Abbildung 12 veranschaulicht das Spannungsfeld der verschiedenen Anspruchsgruppen.

3.6.1 Systematisierung der Anspruchsgruppen

Aus der Aufbauorganisation des Unternehmens lassen sich drei grob gefasste Anspruchsgruppen ableiten:

- die Geschäftsleitung selbst (das Management als Exekutive),
- der Verwaltungsrat bzw. Aufsichtsrat als Legislative, der die Geschäftsleitung ernennt und diese überwacht,
- die Kontrollstelle, die mit der Aufgabe der Überwachung der Rechnungslegung betraut ist.

Darüber hinaus gibt es auf Projektebene folgende Anspruchsgruppen:

- *Auftraggeber des Beraters:* Er ist die Schnittstelle zwischen Unternehmen und Berater. Der Berater ist dem Auftraggeber zur transparenten Rechnungslegung seiner Dienstleistungen verpflichtet und rapportiert ihm (Unterstellung). In der Praxis werden die Rechte des Auftraggebers oft an den internen Projektleiter delegiert.
- *Sponsor/Eigner des Projekts (kann zugleich auch der Auftraggeber sein):* Er finanziert das Projekt aus seinem Budget. Der Sponsor wird an der effizienten Verwendung der finanziellen Mittel gemessen. Ihm drohen Sanktionen beim Scheitern seines Projekts.
- *Interner Projektleiter (Beauftragter):* Er rapportiert in der Regel an den Sponsor und ist der direkte Ansprechpartner für den Berater. Der Berater ist dem internen Projektleiter gleichgestellt.

- *Interne Projektmitarbeiter:* Sie sind vor allem dann als Anspruchsgruppe zu definieren, wenn eine Rollenüberschneidung vorliegt, also beispielsweise ihre Rolle im Projekt nicht mit jener in der Linie übereinstimmt.
- *Vom Projekt direkt betroffene Mitarbeiter:* Abteilungen, Teams oder sonstige Gruppen sind häufig als Ganzes von projektbedingten Veränderungen direkt betroffen.
- *Vom Projekt indirekt betroffene Mitarbeiter:* Abteilungen, Teams und sonstige Gruppen, die den direkt betroffenen Mitarbeitern in der Leistungskette vor- oder nachgelagert sind.
- *Gruppen zur Sicherstellung der Einhaltung von unternehmensverbindlichen Standards:* Unternehmens- und Projektcontrolling, Projektmethodologie und Qualitätssicherung.

Im Umfeld jedes Unternehmens lassen sich weitere Anspruchsgruppen identifizieren, welche den Erfolg von Veränderungsprojekten beeinflussen können:

- *Für das Projekt relevante bisherige Kunden:* Kunden sind projektrelevant, wenn sie zum Beispiel über das jeweilige Projekt stärker ans Unternehmen gebunden werden. Die Steuerung dieser Gruppe erfolgt durch Customer Relationship Management (CRM).
- *Für das Projekt relevante potenzielle Kunden:* Sie sind wichtig, wenn sie zum Beispiel durch das Veränderungsprojekt angesprochen oder gezielt von der Konkurrenz abgeworben werden. Der Umgang mit dieser Gruppe kann als «Management of Prospects» bezeichnet werden.
- *Lieferanten von Vorprodukten oder Dienstleistungen:* Sie sind projektrelevant, wenn zum Beispiel durch das Projekt die Lieferkonditionen verändert, die Qualität gesteigert oder der administrative Aufwand gesenkt werden.
- *Meinungsbildner:* Sie werden einbezogen, weil sie das Verhalten der Kunden beeinflussen, ohne direkt in den Umsatzprozess involviert zu sein. Die Steuerung dieser Gruppe erfolgt traditionell durch Public Relations oder generell im Relationship Management.
- *Investoren, also die Bereitsteller von Fremdkapital:* Hier ist natürlich zu unterscheiden zwischen jenen Investoren, die langfristig Mittel bereitstellen und den Kurzfrist-Partnern (z. B. Banken). Eine Steuerung kann durch die Beeinflussung des Finanzimages erfolgen.
- *Behörden:* Sie schaffen die Rahmenbedingungen für die Wirtschaftstätigkeit, sanktionieren aber auch Gesetzesverstösse.

Auch im Beratungsunternehmen selbst gibt es Anspruchsgruppen:

- *Berater auf Partnerebene* tragen häufig Verantwortung für den Erfolg des Beratungsunternehmens und werden in der Regel leistungsspezifisch entlöhnt.
- *Berater auf Spezialistenebene* sind in der Regel Fachspezialisten, die in der Umsetzungsphase Verantwortung für einzelne Aufgaben übernehmen.
- *Kooperationspartner oder Sub-Contractors* sind Dienstleistungsanbieter, die nicht zum Beratungsunternehmen selbst gehören und in der Regel auf eigene Rechnung tätig sind.

3.6.2 Klärung der Rollen

In der Rollenbeschreibung sind die jeweiligen Rechte und Pflichten, Kompetenzen und Verantwortungen im Hinblick auf das zu erreichende Ziel definiert. Diese Definition soll so konkret wie möglich sein, um für alle Beteiligten Transparenz zu schaffen.

Durch die Rollenbeschreibung wird also der Einfluss jeder relevanten Anspruchsgruppe im Projekt verbindlich festgelegt. Die Definitionen sind allgemein und sehen von den konkreten Personen ab.

Neben den Kompetenzen, Rechten und Pflichten können noch weitere Rollenkriterien definiert werden:

- *Aktive und passive Informationspflicht:* Wen muss der Rolleninhaber informieren, von wem erhält er Informationen?
- *Weisungsbefugnis bzw. Weisungspflicht (aktiv wie passiv):* Von wem sind Weisungen entgegenzunehmen (Unterstellung) und wem werden Weisungen erteilt?
- *Im Projekt zu erfüllende Aufgaben:* Diese werden genau beschrieben, quantifiziert und terminlich festgelegt.
- *Ergebnisrelevante und ergebnisneutrale Pflichten:* Im Sinne einer guten Consulting Governance sollte es vermieden werden, dass eine Person oder Gruppe sowohl ergebnisrelevante als auch ergebnisneutrale Pflichten erfüllt.
- *Gültigkeit bestehender Regelwerke:* Häufig werden Rollen im Kontext zu bestehenden Regeln (z. B. dem Projektmanagement-Standardvorgehen eines Unternehmens, Qualitätsrichtlinien) definiert.
- *Einhaltung von Standards:* Die Einhaltung verbindlicher Standards der Rapportierung aus Sicht des Unternehmens.

Rollenbeschreibungen entstehen aus den in der Vergangenheit gewonnenen Erkenntnissen und Erfahrungen. Projekte aber sind immer zukunftsgerichtet. Deshalb können Rollen stets nur unvollständige und vorübergehende Verhaltensregeln bieten. Wie die einzelnen Rollen zusammenspielen, regelt die Projektorganisation. Sie stellt auch sicher, dass die für die Ergebnisüberwachung Verantwortlichen ihre Rollen nach Projektende weiter beibehalten.

In diesem Zusammenhang ist wichtig, dass alle am Projekt Beteiligten ihre individuelle Verantwortung wahrnehmen und sich den vereinbarten Ethik- und Werthaltungsgrundsätzen unterwerfen. Dies gilt vor allem für Berater, da sie als externe Betroffene nicht der gleichen Loyalität dem Unternehmen gegenüber verpflichtet sind wie die internen Mitarbeiter.

3.6.3 De-Eskalation – die Problemlösung bei projektkritischen Konflikten

Wo Menschen zusammenarbeiten, gibt es Konflikte. Rollenbeschreibungen können helfen, diese Konflikte zu vermeiden beziehungsweise eine Lösung ohne Eskalation herbeizuführen. Die Grundlage jeder Eskalation ist ein nicht geplantes oder nicht vorhersehbares Ereignis. Tritt dieses auf, so wird in der Regel zunächst nach einem Schuldigen gesucht. Es besteht die Gefahr der Vertuschung (Intransparenz). Das Programm Consulting Governance sieht vor, dass im Konfliktfall ein übergeordnetes Regelwerk zum Einsatz kommt. Dessen Ziel ist die De-Eskalation. Das Regelwerk kann beispielsweise festlegen, wie

- vorzugehen ist, wenn aufgrund nicht vorhersehbarer Einflüsse Änderungen an den strategischen und operativen Zielen notwendig sind;
- Änderungen von bestehenden Rollen im Projekt bewerkstelligt werden sollen;
- das Veränderungsmanagement an den Projektplänen selbst (Ziele, Ressourcen, Termine) angepasst werden soll.

Oberstes Ziel der De-Eskalation im Sinne von Consulting Governance ist es, dass die Leistungsfähigkeit für den weiteren Verlauf des Projekts wieder hergestellt und die Nachhaltigkeit der Ziele sichergestellt wird. Dabei werden beispielsweise strukturelle Probleme, Ressourcenengpässe, unrealistische Planung oder persönliche Fehlleistungen erkannt oder behoben.

Am besten werden die Regeln zur De-Eskalation bereits bei der Projektinitialisierung beschlossen und allen Beteiligten kommuniziert. Besonders wichtig ist dabei, dass es möglich ist, dass der Berater unangenehme Wahrheiten aussprechen kann, ohne Gefahr zu laufen, seinen Auftrag zu verlieren. Sinngemäss gilt das Gleiche natürlich auch für die übrigen Beteiligten.

3.7 Nutzen von Consulting Governance

Zusammenfassend bringt die konsequente Umsetzung von Consulting Governance folgenden Nutzen: Sie ermöglicht den nachhaltigen Erfolg von Beratungsprojekten und leistet damit einen Beitrag zur Erreichung der langfristigen Unternehmensziele. Der Nutzen ergibt sich aus folgenden Teilaspekten:

- *Integrales Vorgehen:* Das Corporate Performance Improvement und damit die nachhaltige Verbesserung der Unternehmensleistung wird durch die Vernetzung mit den Disziplinen Transition Management und Projektmanagement erst möglich.
- *Einbezug aller relevanten Anspruchsgruppen:* Dieser Aspekt sichert die Umsetzbarkeit der Ziele auf breiter Front, reduziert Widerstände und garantiert frühzeitige Aufdeckung von Projektschwachstellen. Die Projekteffizienz nimmt zu.
- *Nachhaltigkeit:* Das neunstufige Vorgehen der Consulting Governance sichert eine effiziente und effektive Zielerreichung. Die Nachhaltigkeit entsteht vor allem durch die systematische und konsequente Einhaltung der drei Projektphasen: Vorbereiten, Durchführen, Anwenden.
- *Schnellere Projektabwicklung, geringere Investitionen:* Die systematische Umsetzung des neunstufigen Vorgehens sichert den schnellen Projektfortschritt und garantiert ein zielgerichtetes Projektvorgehen. Weniger Nachbesserungen während und nach Abschluss des Projekts sind erforderlich.
- *Klare Rollenverteilung:* Consulting Governance sieht vor, dass die Rollen der Beteiligten bereits vor der Auftragserteilung klar definiert werden. Dies ermöglicht ein reibungsloses Zusammenspiel der Partner im Projekt, da Kompetenzgerangel und Grundsatzdiskussionen über die Vorgehensweise weit gehend vermieden werden können. Eine bessere, günstigere und schnellere Projektrealisierung ist das Ergebnis.
- *Klare Werthaltung als gemeinsame Basis:* Die Zusammenarbeit hat von Beginn an eine gemeinsame Verständigungs- und Vertrauensbasis, nämlich eindeutig definierte Werte und daraus ableitbare und für alle Beteiligten verbindliche Regeln. Dadurch steigt die Erfolgswahrscheinlichkeit des Projekts; Konflikte werden vermieden.
- *Eindeutige Regeln für die Zusammenarbeit:* Klare, eindeutig formulierte Regeln schaffen Verlässlichkeit. Diese erhöht ebenfalls die Projekteffizienz und -effektivität.

4 Consulting Governance – das Vorgehen

4.1 Consulting Governance – aus der Praxis für die Praxis

Die Erfahrungen der vergangenen Jahre und generelle Entwicklungen im Management Consulting zeigen: Unternehmensberater und deren Auftraggeber benötigen einen verbindlichen, systematischen und regelbasierten Ansatz zur erfolgreichen Realisierung von Projekten. Kurz: Sie brauchen eine Consulting Governance.

Die Grundlage von Consulting Governance durfte – dies war beim Verfassen dieses Buchs von Anfang an klar – nicht die Theorie sein. Werthaltungen, Regeln, Vorgehensweisen und erfolgslogische Methoden werden auf der Basis von Erfahrungen definiert. Und so stand am Anfang der Entwicklung von Consulting Governance die Auswertung von früheren Projektabläufen und -ergebnissen sowie aktuellen Projekten.

Leitfaden für Consulting Governance
In den nachfolgenden Kapiteln geht es nun darum, in der Praxis bewährte Methoden und Vorgehensweisen zu erläutern und so einen Leitfaden für die Projektdurchführung nach den Grundsätzen des Programms von Consulting Governance zu zeichnen.

Trilogie der Disziplinen CPI, TM und PM

Das hier vorgestellte Vorgehen der Consulting Governance ist als konkrete Arbeitsanleitung zu verstehen. ▶ Abbildung 13 zeigt die Abhängigkeiten der «Disziplinen-Trilogie» CPI, TM und PM und die Übersicht über die drei Phasen und neun Stufen in ihrer Vernetzung im Projekt.

Wie es der Realität der meisten Projekte entspricht, ist der Auslöser für eine Veränderung meistens eine ungenügend Corporate Performance. Diese erzeugt den Leidensdruck. Das Management identifiziert in der Regel den Handlungsbedarf und leitet die notwendigen Massnahmen zeitgerecht ein.

Häufig aber bringen direkte Eingriffe ins unternehmerische Geschehen nicht die erwünschten Fortschritte. Ein gravierender Wandel ist gefordert: der Prozess des Corporate Performance Improvement, der auf die laufende Steigerung der Wertschöpfung zielt.

Vor der Initialisierung eines Projekts nach dem Vorgehen der Consulting Governance wird der Projekttyp festgelegt. Folgende drei Projekttypen lassen sich unterscheiden:

1. *Projekte mit der Zielsetzung punktueller Verbesserungen:* Diese werden in der Regel eher kurzfristig wirksam (z. B. KVP-Programme, Aktualisierung von Führungssystemen).
2. *Projekte mit der Zielsetzung einschneidender Veränderungen in der Organisation:* Auch diese werden in der Regel eher kurz- bis mittelfristig wirksam (z. B. Prozessoptimierung, Neugestaltung der Supply Chain).
3. *Projekte mit der Zielsetzung, das Unternehmen radikal neu zu bestimmen:* Diese werden in der Regel mittel- bis längerfristig wirksam (z. B. Markt- und Funktionalstrategien oder Businesspläne).

Neben der Festlegung des Projekttypus ist auch eine Strategieüberprüfung beziehungsweise ein Strategie-Review sinnvoll. Schliesslich ist sicherzustellen, dass die Vorgaben für die geplanten Veränderungen immer strategiekonform sind.

Consulting Governance ist nicht nur für Performance- oder Veränderungsprojekte geeignet. Auch bei reinen Strategieprojekten wird das Vorgehen empfohlen, da ebenso in diesem Fall die neuen Vorgaben für Prozesse, Strukturen und für die Information and Communication Technology (ICT) beziehungsweise generell für die Infrastruktur (Produktion, Logistik etc.) zu definieren sind.

Das Vorgehen der Consulting Governance setzt also je nach Projekttyp unterschiedliche Schwerpunkte. Gleichzeitig wird berücksichtigt, dass in allen Phasen und Stufen die Disziplinen-Trilogie «spielt».

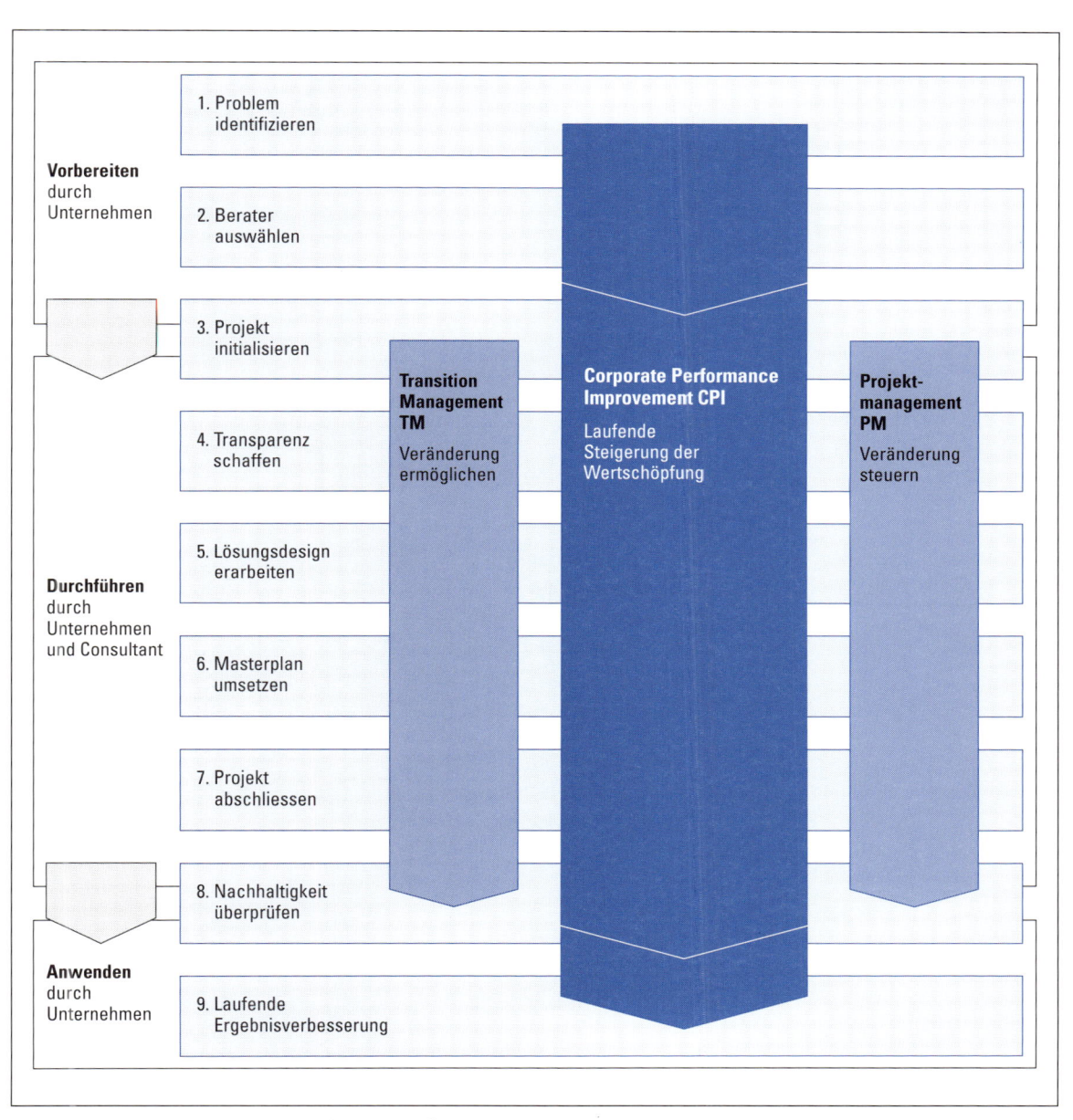

▲ **Abbildung 13** Das Vorgehen der Consulting Governance in der Praxis

4.2 Die Stufen des Vorgehens der Consulting Governance allgemein

Die neun Stufen des Vorgehensmodells der Consulting Governance mit den wichtigsten Inhalten sind nachfolgend im Überblick beschrieben:

Stufe 1
«Problem identifizieren = Problem strukturieren»

Wenn festgestellt wurde, dass ein Problem besteht, wird dieses sinnvoll eingegrenzt und analysiert:

- Welche Bereiche sind betroffen?
- Bis wann wird eine Lösung benötigt?
- Was sind mögliche Hypothesen zur Problemursache?
- Wie können diese Hypothesen bestätigt oder widerlegt werden?
- Welche Kompetenzen werden benötigt?
- Können diese Kompetenzen intern bereitgestellt werden?

Aus den Antworten auf diese Fragen ergeben sich die Ziele und teilweise auch bereits die Vorgaben für das Projekt.

Stufe 2
«Berater auswählen»

Falls auf Stufe 1 festgestellt wurde, dass nicht alle benötigten Kompetenzen im eigenen Unternehmen vorhanden oder verfügbar sind, so stellt sich die Frage nach dem optimalen Beratungspartner. Auf Stufe 2 werden potenzielle Anbieter evaluiert und die Entscheidung für einen oder in seltenen Fällen mehrere Partner gefällt. Auch diese Stufe wird üblicherweise in Eigenregie des Unternehmens ohne Mitarbeit eines Beratungspartners durchgeführt.

Stufe 3
«Projekt initialisieren»

Auf Stufe 3, nachdem der Beratungspartner feststeht, werden die Projektinfrastruktur definiert und vorbereitet, die Ressourcen festgelegt und dann als sichtbares Zeichen für den Projektstart ein Kick Off Meeting mit allen Beteiligten durchgeführt.

Stufe 4
«Transparenz schaffen»

Jetzt werden vor allem Informationen zur Problematik und Hypothesen zu den bereits identifizierten Ursachen gesammelt und analysiert. Am Ende der Stufe 4 soll klar sein, worin genau das Problem besteht und was die Rahmenbedingungen für dessen Lösung sind.

Stufe 5
«Lösungsdesign erarbeiten»

Im Lösungsdesign werden zuerst konkrete Lösungsvorschläge und Handlungsalternativen ausgearbeitet. Aus den vorbereiteten Alternativen wählt das Steuerungskomitee die umzusetzende Handlungsoption aus. Danach wird der Masterplan mit zugehörigem Business Case ausgearbeitet.

Stufe 6 «Masterplan umsetzen»	Hier geht es unter anderem darum, dass die Projektleitung die Vorgaben des Projekt-Masterplans so weit als möglich einhält. Natürlich hängt der Umsetzungserfolg davon ab, dass bei der Ausarbeitung des Masterplans die Wirklichkeit des Unternehmens möglichst exakt abgebildet wurde.
Stufe 7 «Projekt abschliessen»	Alle Abschlussarbeiten (Vervollständigen der Dokumentationen, Knowledge Management, Identifizieren der noch offenen Punkte …) sind beim Abschlusstreffen beendet. In Lessons-Learned-Sessions werden mit allen Beteiligten die Erfolge, Misserfolge und möglichen Verbesserungen durchgesprochen. Die Erbringung eines Nutzennachweises ist beim Projektabschluss essenziell. Der Projektabschluss markiert sichtbar das Ende des Projekts.
Stufe 8 «Nachhaltigkeit prüfen»	Rund ein halbes Jahr nach Projektabschluss findet die Nachhaltigkeitsprüfung statt. Eine Fortschrittskontrolle und ein Nachhaltigkeits-Check zeigen: Wurden die Ziele wirklich erreicht? Wo sind nachträglich noch Probleme aufgetreten und warum? Wie kann man nun reagieren?
Stufe 9 «Laufende Ergebnisverbesserung»	Nach Abschluss des Projekts liegt es nun wieder am Unternehmen, respektive dem Management, die laufende Optimierung ihrer Leistungserbringung und daraus resultierender Ergebnisse zu steuern.

4.3 Vernetztes Denken im Projekt: die Trilogie der Disziplinen

4.3.1 Drei Disziplinen – ein Ziel: der nachhaltig wirksame Projekterfolg

Das Programm Consulting Governance zielt zuerst und zuoberst auf die Schaffung eines nachhaltig wirksamen Unternehmenserfolgs. Elementare Voraussetzung für diesen Erfolg ist die Vernetzung der drei Disziplinen

- Corporate Performance Improvement (CPI),
- Transition Management (TM),
- Projektmanagement (PM).

Vernetzung heisst hier nicht, die drei Disziplinen im Projekt «irgendwie» parallel zu berücksichtigen oder zu verquicken. Jede dieser drei Disziplinen wird eigenständig und systematisch realisiert. Denn nur dann lässt sich sicherstellen, dass jede Disziplin in jeder Projektphase und -stufe wichtige Beiträge liefert. Die Vernetzung ist wiederum notwendig, damit die drei

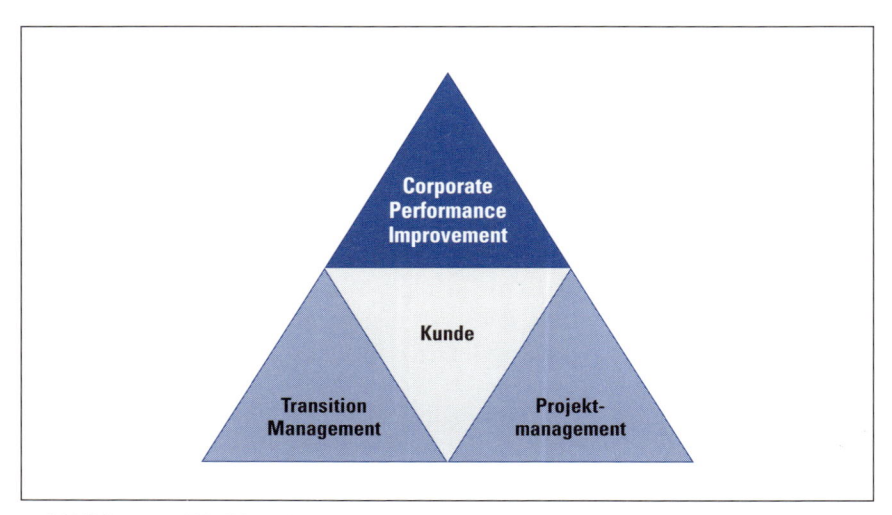

▲ **Abbildung 14 Die Disziplinen-Trilogie von Consulting Governance**

Disziplinen im Sinne des Gesamtprojekts eine innere, interdisziplinäre Einheit bilden (◄ Abbildung 14).

Corporate Performance Improvement soll als zentrales, übergeordnetes Themenfeld die Wettbewerbsfähigkeit und die generelle Performance des Unternehmens verbessern. Es bildet somit die Leitlinie für das Veränderungsvorhaben, liefert die Inhalte und ist damit der Ur-Treiber des Projekts. CPI zeigt den Grund und das Ziel für die Veränderung.

Transition Management schafft bei Management, Mitarbeitern und anderen Stakeholdern die Akzeptanz für die Lösung und unterstützt damit das CPI. TM ermöglicht die Veränderung.

Das Projektmanagement koordiniert Ziele, Massnahmen, Termine, Kontrolle, Risikomanagement, projektinterne Kommunikation etc. Das PM unterstützt das CPI und steuert die Veränderung.

4.3.2 Stufen des Corporate Performance Improvement

Das Corporate Performance Improvement bildet den roten Faden für alle Aktivitäten im Projekt. Unterstützt werden die CPI-Aktivitäten durch das Transition Management und das Projektmanagement. Die Vorgehensweise im CPI lehnt sich dabei an die bekannten Modelle zur Strategieentwicklung und deren Umsetzung an.

4.3 Vernetztes Denken im Projekt: die Trilogie der Disziplinen

Wie bereits besprochen, hat das CPI die sprunghafte Verbesserung der Performance zum Ziel (vgl. Abschnitt 2.3.1 «Ziele und Potenziale des Corporate Performance Improvement»). Die Projektziele und -aufgaben sollten in jeder Projektphase und -stufe mit den strategischen Zielen des Gesamtunternehmens übereinstimmen und sind deshalb zu überwachen. Grundlage für die Definition der Projektziele ist das Portfolio der Geschäftsfelder. Daraus lassen sich auch die Kritischen Erfolgsfaktoren ableiten.

Dementsprechend wird der Regelkreis von der Strategieentwicklung über die Konzeption der Lösung bis hin zu deren Umsetzung in den Geschäftsprozessen durchlaufen. ▶ Abbildung 15 zeigt die Stufen und Schwerpunktaufgaben des CPI, beziehungsweise das Vorgehen gemäss Consulting Governance. Der besseren Verständlichkeit wegen wird dieses Vorgehen an einem Beispiel illustriert.

CPI: Stufe 1 «Problem identifizieren»

Die Unternehmensleitung der Beispiel AG stellt im Marktsegment X einen gravierenden Umsatzeinbruch fest. Das Steuerungsteam sowie die Teams CPI, TM und PM sind definiert. Auf Stufe 1 «Problem identifizieren» stellen die Verantwortlichen zunächst die Differenz zu den Soll-Vorgaben fest. Sodann bestimmen sie die Priorität des Projekts. Die veranlasste erste Risikoanalyse bestätigte die hohe Dringlichkeit zur Problembehebung. Auf Basis dieser Informationen beschliessen sie, das Projekt definitiv zu initiieren und mit externer Unterstützung zu realisieren, wenn die internen Ressourcen nicht ausreichen. In einem nächsten Schritt identifizieren die Verantwortlichen potenzielle interne Widerstände gegen das Veränderungsvorhaben und legen für das Projektmanagement erste Regeln zur Projektdurchführung fest.

CPI: Stufe 2 «Berater auswählen»

Auf dieser Stufe werden die Anforderungen an die Berater definiert. Grundlage dafür sind die Projektaufgabenstellung und die Verfügbarkeit eigener Ressourcen. Um bei der späteren Beraterauswahl möglichst objektiv entscheiden zu können, beauftragt das Steuerungsteam einen Mitarbeiter mit der Erstellung von Bewertungskriterien. Nur so lassen sich die Angebote objektiv vergleichen.

CPI: Stufe 3 «Projekt initialisieren»

Die Stufe 3 beginnt für alle Teams und Beteiligten mit einem «Kick off». Hier stellen die Mitglieder des Steuerungsteams nochmals explizit die Ziele und das Vorgehen zur Erreichung des Leistungssprungs vor. Die einzelnen Anforderungen werden von Neuem reflektiert und präzisiert.

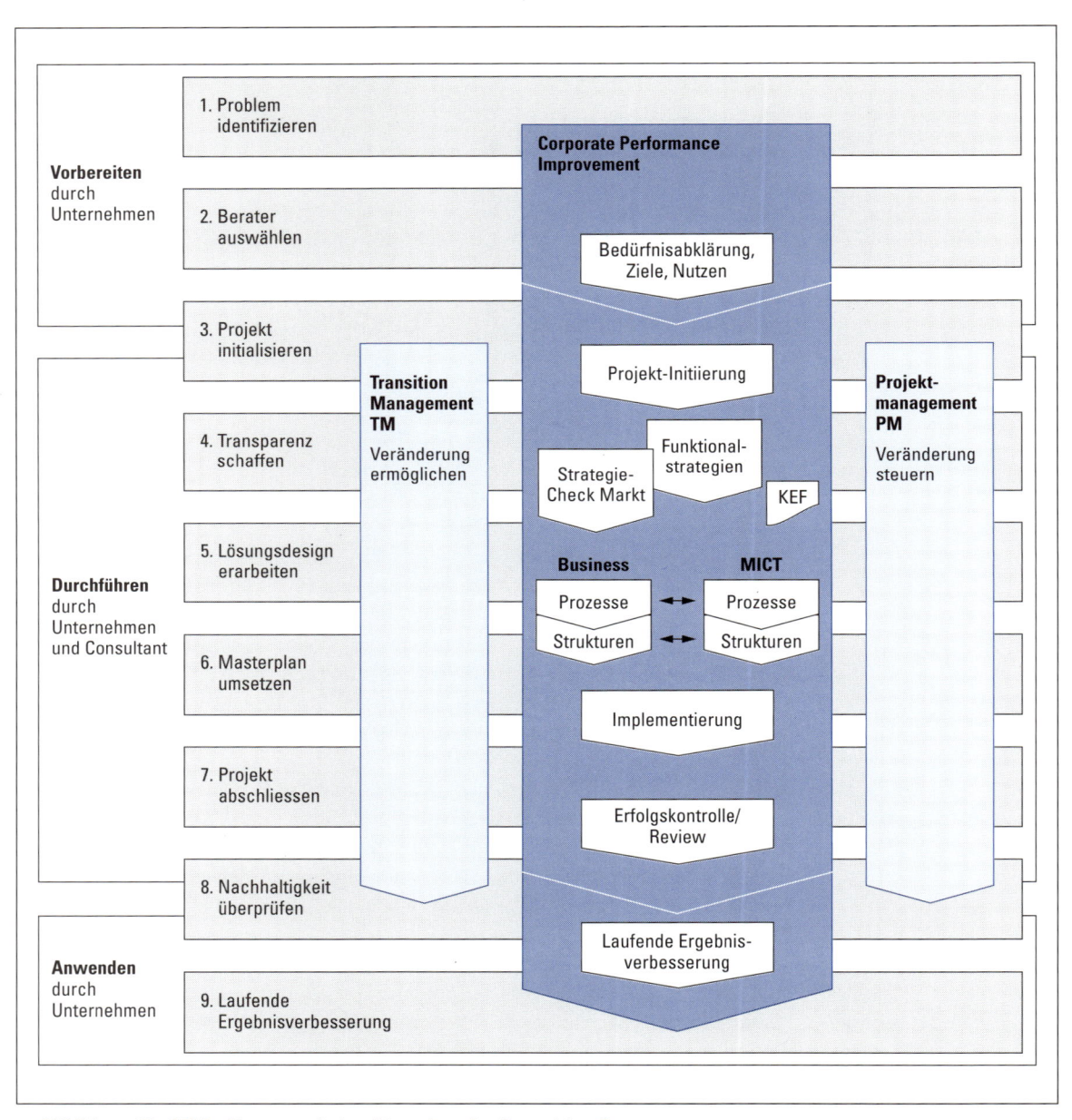

▲ Abbildung 15   **CPI im Kontext mit dem Vorgehen der Consulting Governance**

CPI: Stufe 4 «Transparenz schaffen»	Auf Stufe 4 untersuchen die einzelnen Teams die Situation eingehend anhand einer SWOT-Analyse (Strengths, Weaknesses, Opportunities, Threats oder deutsch: Stärken, Schwächen, Chancen, Gefahren). Darüber hinaus analysieren die Teammitglieder die Markt- und Funktionalstrategien, um die Vorgaben an das CPI nochmals zu verifizieren.
CPI: Stufe 5 «Lösungsdesign erarbeiten»	Auf Stufe 5 erarbeiten die Teammitglieder die konkreten Konzepte und stellen diese in Kontext zum Ist-Zustand. Dabei werden auch die Kritischen Erfolgsfaktoren hinterfragt, die nun als Vorgaben für das Lösungsdesign dienen. Zur Entwicklung der Lösungen in der Organisation (Prozesse und Strukturen) sowie für das Informationsmanagement setzen die Teams die klassischen Methoden und Techniken (inkl. Modellierungstools) ein. Daraus leiten sie die Prioritäten ab und überführen sie in einem Masterplan.
CPI: Stufe 6 «Masterplan umsetzen»	Auf Stufe 6 erfolgt die Umsetzung des Lösungsdesigns. Der laufende Abgleich mit den CPI-Vorgaben ist wichtig, sodass bei Bedarf weitere Korrekturen vorgenommen werden können.
CPI: Stufe 7 «Projekt abschliessen»	Auf Stufe 7 beendet das Team die Projektarbeiten und übergibt die Resultate der Linie. Die Linie erteilt dem Team eine schriftliche Bestätigung der Abnahme der Ergebnisse und akzeptiert die damit einhergehende Verantwortungsübernahme.
CPI: Stufe 8 «Nachhaltigkeit prüfen»	Auf Stufe 8 gehen Auftraggeber und Berater «über die Bücher». Sie überprüfen die Ziele und Resultate auf Basis der CPI-Vorgaben. Fallweise werden Feinjustierungen vorgenommen, Lernfortschritte abgeleitet und dokumentiert.
CPI: Stufe 9 «Laufende Ergebnisverbesserung»	Auf Stufe 9 führt die Linie über das Führungssystem den laufenden Soll-Ist-Vergleich durch und initialisiert bei Bedarf entsprechende Massnahmen. Bei grösseren Defiziten beginnt die Linie wieder ein neues Projekt auf Stufe 1 «Problem identifizieren».

4.3.3 Stufen des Transition Management

Das Vorgehen im Transition Management (TM) entspricht dem des klassischen Risikomanagements. Die einzelnen Elemente sind in ▶ Abbildung 16 illustriert und werden nachfolgend kurz erläutert:

- Vorhandene Barrieren der «Transition» (deutsch: Übergang) werden eindeutig identifiziert, beobachtet und gegebenenfalls abgeschwächt.
- Auf der anderen Seite werden die Treiber der «Transition» entwickelt oder verstärkt.

Das Ziel eines adäquaten Transition Management ist es, den Projektablauf zu verschlanken und gleichzeitig möglichst effektiv zu machen. Es macht die Veränderung berechenbar, steuerbar und damit erst möglich. Das Vorgehen beruht auf folgenden Prinzipien:

- «Veränderungen im Unternehmen» – dies heisst immer: Etwas muss an zwei «Orten» verändert werden – in den Köpfen und Herzen von Kunden, Mitarbeitern etc. und/oder zum Beispiel in der Unternehmensstruktur, in den Prozessen, in den Systemen.
- «Veränderung» impliziert immer den Vergleich zwischen Vorher und Nachher. Jedes Unternehmen hat seine Geschichte und seine Umwelt und folglich spezifische Herausforderungen und Veränderungen zu meistern. Ergo kann es zur Bewältigung dieser Veränderungen kein Patentrezept geben.
- Transition soll einen zielgerichteten, aber keineswegs geradlinigen Übergang vom Vorher in die Zukunft ermöglichen.

Das Vorgehen des Transition Management gliedert sich bei Consulting Governance in sechs Stufen, da es erst mit Stufe 3 des Gesamtprojekts beginnt. Zur besseren Verständlichkeit werden die nachfolgenden Stufen wieder an der Beispiel AG illustriert.

TM: Stufe 3 «Projekt initialisieren»

Auf Stufe 3 schätzt das TM-Team der Beispiel AG die potenziellen Auswirkungen des Projekts auf die Organisation und auf die Mitarbeiter ab. Daraus leitet das Team die so genannte «Transition Vision» ab. Diese Vision beschreibt wiederum das Projektziel des Veränderungsprozesses aus Sicht der betroffenen Mitarbeiter.

TM: Stufe 4 «Transparenz schaffen»

Auf Stufe 4 vergleicht das TM-Team die aktuelle Situation im Unternehmen mit ihrer Transition Vision. Daraus leiten sie dann die «Transition-Treiber» und «Transition-Barrieren» ab. Für die Beispiel AG stellt das TM-Team als Transition-Treiber «Investitionen in neue Technologien» fest. Die Transition-Barriere lautet «befürchteter Stellenabbau».

4.3 Vernetztes Denken im Projekt: die Trilogie der Disziplinen

Vorbereiten durch Unternehmen
1. Problem identifizieren
2. Berater auswählen

Durchführen durch Unternehmen und Consultant
3. Projekt initialisieren
4. Transparenz schaffen
5. Lösungsdesign erarbeiten
6. Masterplan umsetzen
7. Projekt abschliessen
8. Nachhaltigkeit überprüfen

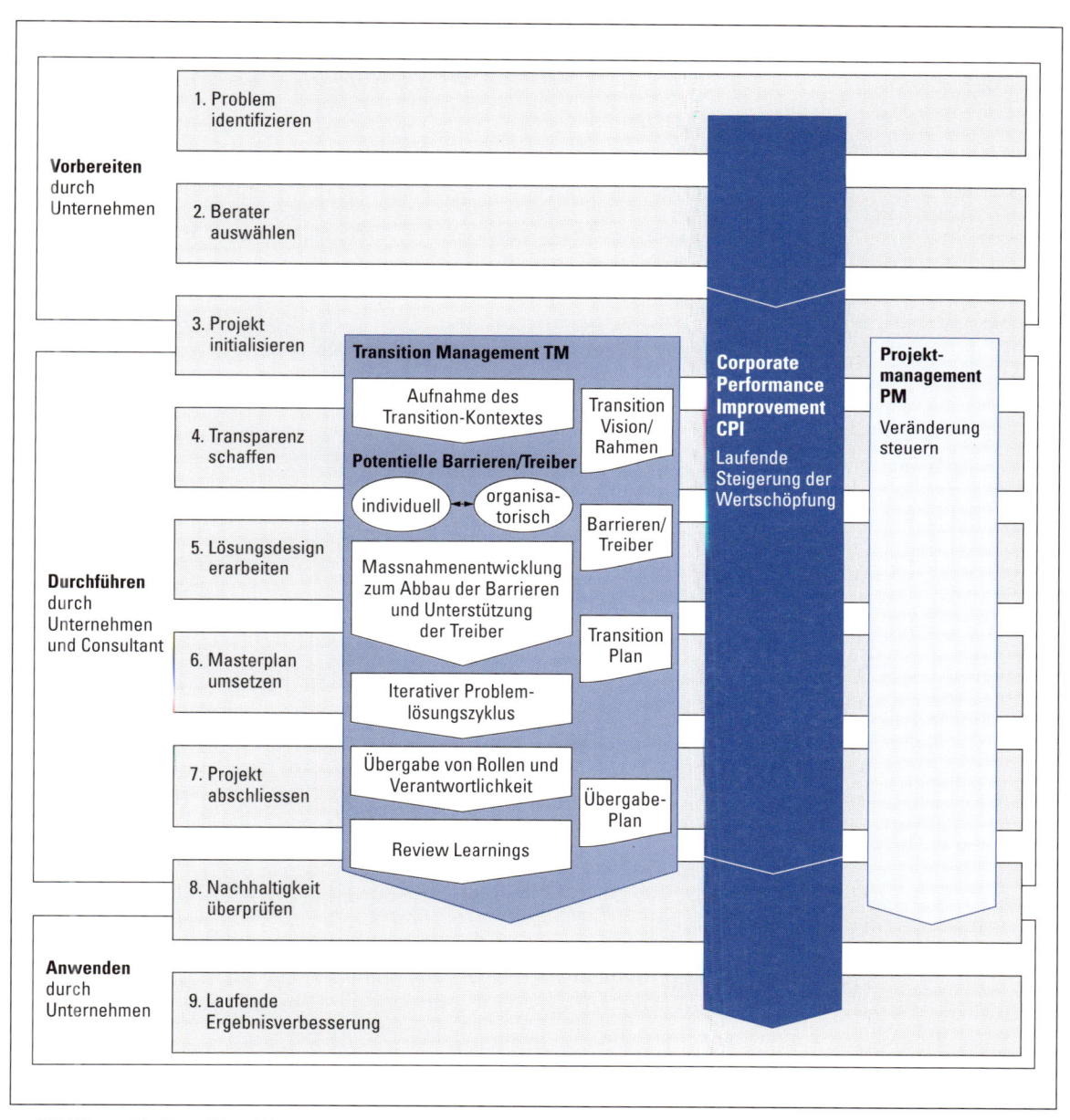

Anwenden durch Unternehmen
9. Laufende Ergebnisverbesserung

Transition Management TM
- Aufnahme des Transition-Kontextes
- Potentielle Barrieren/Treiber (individuell ↔ organisatorisch)
- Massnahmenentwicklung zum Abbau der Barrieren und Unterstützung der Treiber
- Iterativer Problemlösungszyklus
- Übergabe von Rollen und Verantwortlichkeit
- Review Learnings

Transition Vision/Rahmen
Barrieren/Treiber
Transition Plan
Übergabe-Plan

Corporate Performance Improvement CPI
Laufende Steigerung der Wertschöpfung

Projektmanagement PM
Veränderung steuern

▲ Abbildung 16 Transition Management im Kontext mit dem Vorgehen der Consulting Governance

TM: Stufe 5
«Lösungsdesign erarbeiten»

Die Treiber und Barrieren führen auf Stufe 5 zur Entwicklung von Massnahmen in Prioritätenfolge. Diese unterstützen die Treiber und bauen die Barrieren ab. All diese Massnahmen fliessen in einen Gesamtplan, den «Transition Plan», ein.

TM: Stufe 6
«Masterplan umsetzen»

Auf Stufe 6 setzt das Team den Transition Plan um. Dabei kommt es immer wieder zu neuen Inputs bezüglich des Wesens der Treiber und Barrieren. Die Aktivitäten werden jeweils entsprechend angepasst.

TM: Stufe 7
«Projekt abschliessen»

Mit Stufe 7 beendet das Team die Massnahmenumsetzung. Zur Sicherstellung der Nachhaltigkeit werden weitere Massnahmen definiert und im Abschlussmeeting entweder an die Projektverantwortlichen oder an die Linie delegiert.

TM: Stufe 8
«Nachhaltigkeit prüfen»

Auf Stufe 8 trifft sich das Team regelmässig zu Feedback-Runden, um konkrete Verbesserungen zu planen und damit die Nachhaltigkeit künftiger Veränderungen zu gewährleisten.

Wichtig: Der Kontakt und die Kommunikation zwischen dem CPI- und dem TM-Team müssen immer funktionieren. Der gegenseitige Input in allen Phasen und Stufen ist essenziell für den Erfolg des Gesamtprojekts.

4.3.4
Stufen des Projektmanagements

Das Projektmanagement stellt auf jeder Stufe die geordnete Zusammenarbeit aller Beteiligten sicher. Es teilt die personellen, finanziellen und sachlichen Ressourcen nach objektiven Anforderungen zu und legt die zeitliche Abfolge der Tätigkeiten fest. Die Projektkontrolle überwacht alle Aktivitäten, prüft die Ergebnisse und behält die Kostenentwicklungen im Griff.

Wie das Transition Management beginnt auch Projektmanagement im Rahmen von Consulting Governance auf Stufe 3 und endet auf Stufe 8 des Gesamtprojekts. In ▶ Abbildung 17 werden die Elemente in ihrer Abhängigkeit dargestellt.

PM: Stufe 3
«Projekt initialisieren»

Das Projektmanagement definiert auf Stufe 3 die Projektinfrastruktur. Dabei spielen die Vorgaben aus dem CPI eine wesentliche Rolle. Sie werden in Form konkreter Projektpläne und Aufträge aufbereitet.

PM: Stufe 4
«Transparenz schaffen»

Auf Stufe 4 sorgt das Projektmanagement dafür, dass die Erkenntnisse transparent und nachvollziehbar dokumentiert sind. Die Projektpläne werden nachgeführt und die Ressourcen fallweise angepasst.

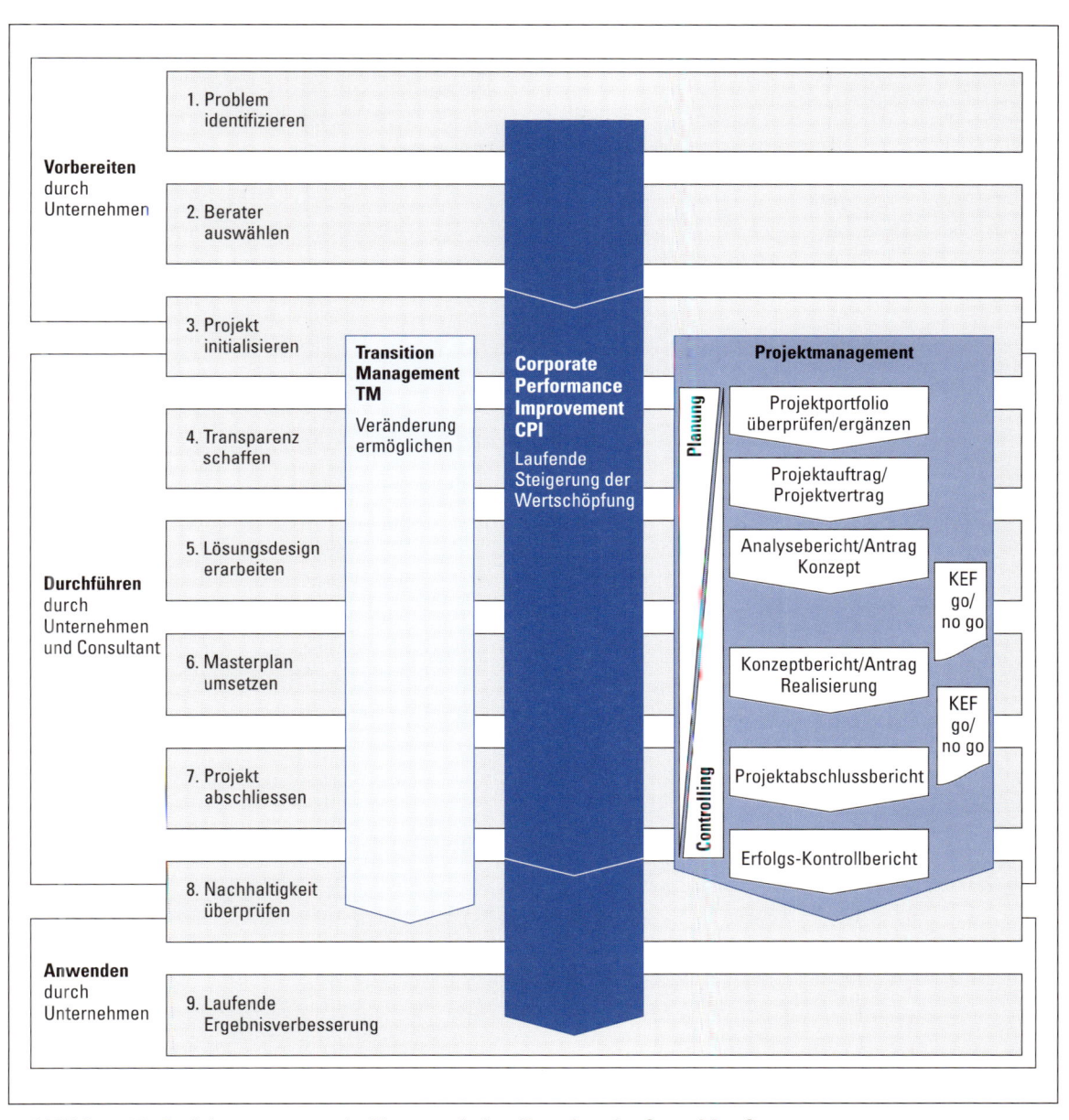

▲ **Abbildung 17** Projektmanagement im Kontext mit dem Vorgehen der Consulting Governance

**PM: Stufe 5
«Lösungsdesign erarbeiten»**

Während der Stufe 5 klärt das Projektmanagement laufend ab, ob die Lösungen des CPI im Einklang zu den anderen Projektvorhaben stehen. Mittels gesteuerter Reviews können Plausibilitäts-Checks durchgeführt und die Erfüllung gemäss Qualitätsplan (Festlegung der Ergebnisse je Stufe mit Prüfkriterien) der CPI-Vorgaben abgefragt werden. Die «Feinplanung Umsetzung» erfolgt; Betroffene werden zu Trainings eingeladen.

**PM: Stufe 6
«Masterplan umsetzen»**

Auf Stufe 6 dient der Masterplan einerseits zur Steuerung der Veränderung an sich und andererseits zum laufenden Soll-Ist-Vergleich («Projektvorgaben eingehalten?»). Grundlage dafür bildet ein darauf aufbauendes Reporting.

**PM: Stufe 7
«Projekt abschliessen»**

Auf Stufe 7 prüft das Projektmanagement, ob alle Projektarbeiten gemäss Masterplan vollständig erfüllt sind und abgenommen werden können. Spezielle Abnahmeverfahren werden durchgeführt. Die Grundlagen für die Verantwortungsübergabe an die Linie werden erstellt.

**PM: Stufe 8
«Nachhaltigkeit prüfen»**

Auf Stufe 8 wird im Rahmen eines Review überprüft, ob die umgesetzte Lösung den Nachhaltigkeitsforderungen entspricht. Das Projektmanagement stellt die Prüfpläne und das Review-Team bereit. Gemeinsam mit der Linie werden die Ergebnisse besprochen und die Korrekturpläne erarbeitet und deren Umsetzung überwacht.

Die Stufen 1 «Problem identifizieren» und 2 «Berater auswählen» liefern Informationen an das PM aus dem CPI heraus und die Stufe 9 «Laufende Ergebnisverbesserung» verwendet die Erkenntnisse aus dem Projekt.

4.4 Steuerung der Veränderungsgeschwindigkeit

4.4.1 Der Projektablauf auf der Zeitachse

«Zeit» ist in jedem Projekt ein wichtiger Punkt, weil in den meisten Fällen gleichbedeutend mit Geld. Der Steuerung der Veränderungsgeschwindigkeit kommt somit eine hohe Bedeutung zu. Zwei Faktoren bestimmen die Geschwindigkeit: die technische Entwicklung und Umsetzung der angestrebten Lösung und die Anpassung der individuellen Performance der Mitarbeiter an die veränderten Anforderungen.

Wie in ▶ Abbildung 18 erkennbar ist, wird bis zum Beginn der Stufe 5 «Lösungsdesign erarbeiten» die Lösung «auf dem Papier» erarbeitet. Auf

4.4 Steuerung der Veränderungsgeschwindigkeit

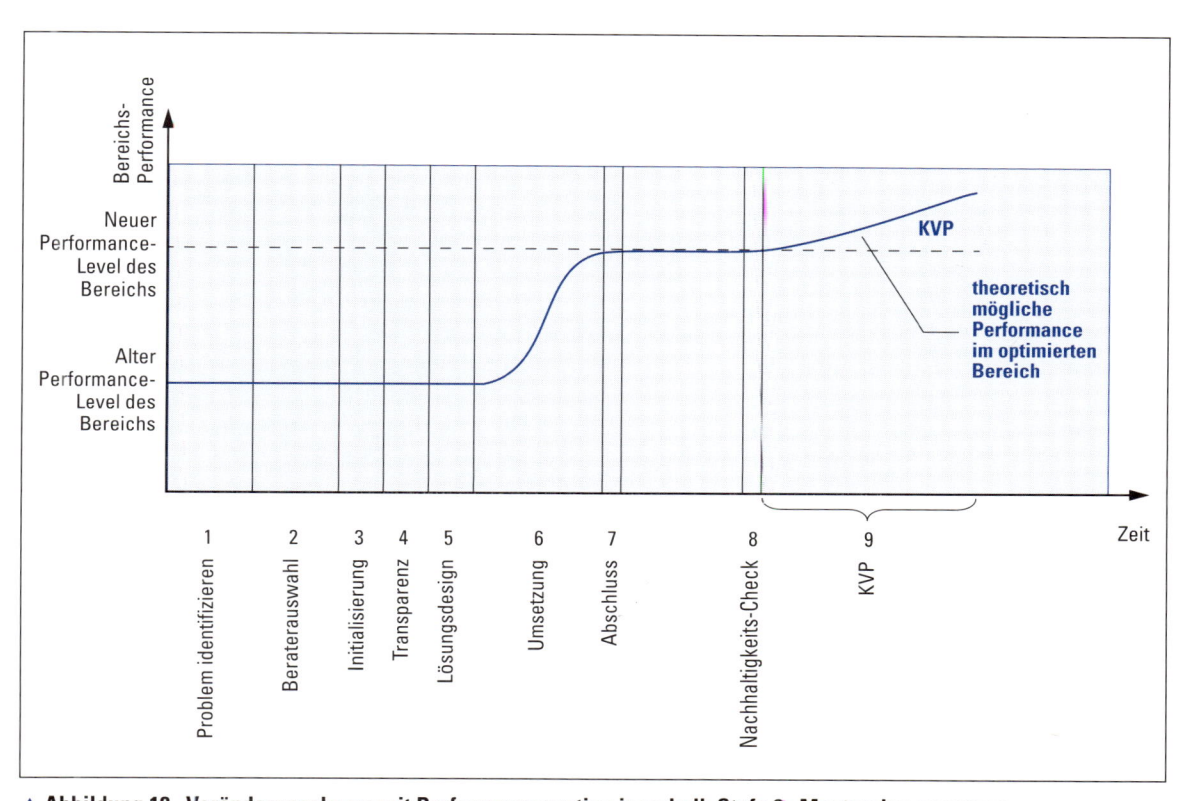

▲ **Abbildung 18** Veränderungskurve mit Performanceanstieg innerhalb Stufe 6 «Masterplan umsetzen»

Stufe 6 «Masterplan umsetzen» werden dann alle Voraussetzungen dafür geschaffen, um die geforderte neue Performance zu erreichen.

Die Gretchenfrage lautet nun: In den meisten Projekten arbeitet der optimierte Bereich nach der Implementierungsphase noch nicht zu 100 Prozent auf dem neuen Performanceniveau. Warum?

4.4.2 Der Projektablauf aus der Sicht der Vernetzung

In vielen Projekten wird die meiste Zeit darauf verwendet, eine Lösung für ein Problem zu entwickeln und technisch umzusetzen. Ein für den Projekterfolg wichtige Faktor, die «Mitarbeiter-Veränderungsbereitschaft», fliesst dann nur am Rande ein. Immer mehr Führungsverantwortliche und auch Berater erkennen, dass der Begriff «Mitarbeiter-Veränderungsbereitschaft» mehr als nur ein Nebenkriegsschauplatz ist. Denn was nützt eine technisch bravourös gemeisterte Lösung, wenn sich die Mitarbeiter der Neuerung letztlich verweigern?

Wie bereits mehrfach erwähnt, geniesst das Kriterium «Transparenz» im Rahmen von Consulting Governance hohe Priorität. Zeigen die Mitarbeiter eine geringe Veränderungsakzeptanz, sind die Ursachen dafür klar zu identifizieren und entsprechend zu beheben.

4.4.3 Kommunikation und Veränderungsgeschwindigkeit

Damit etwaige Widerstände der Mitarbeiter gegen eine Veränderung wenn möglich vermieden werden können, hat der Transition-Prozess frühzeitig zu beginnen. Das Projektteam wartet also nicht ab, bis es auf Stufe 5 eine perfekte Lösung präsentieren kann, sondern beginnt bereits auf Stufe 3 (also zum Zeitpunkt der Projektinitialisierung) mit der Kommunikation. Amerikanische Change-Manager prägen in diesem Zusammenhang die Formel «Communicate early and honest». Natürlich werden nicht alle Details von Anfang an kommuniziert. Zu Beginn reichen glaubwürdige Informationen zu den Problemen und die Aussage, dass etwas zu deren Lösung unternommen werden wird. Sobald weitere Informationen zur Verfügung stehen, werden diese zielgruppengerecht (Verständlichkeit, Verständnis, Vertrauen) und zeitgerecht vermittelt. Das Ziel des Transition Management ist, die Transition-Kurve in der Zeitachse zu stauchen und dadurch eine Verkürzung des «Tals der Tränen» zu bewirken.

«Falsche» Kommunikation

▶ Abbildung 19 zeigt im Projektverlauf, welchen Einfluss eine «falsche» Kommunikation haben kann. Durch zu späte oder zu frühe Kommunikation wird der Performance-Payback (also der Zeitpunkt, ab dem die anfängliche Unterperformance durch die nachfolgende Überperformance ausgeglichen wird) nach hinten verschoben. Damit verschlechtert sich die Rentabilität.

Wie kann das verhindert werden? Die Antwort lautet: durch vernetzte Sicht-, Denk- und Handlungsweisen über alle Projektphasen und -stufen unter Beachtung der Thementrilogie.

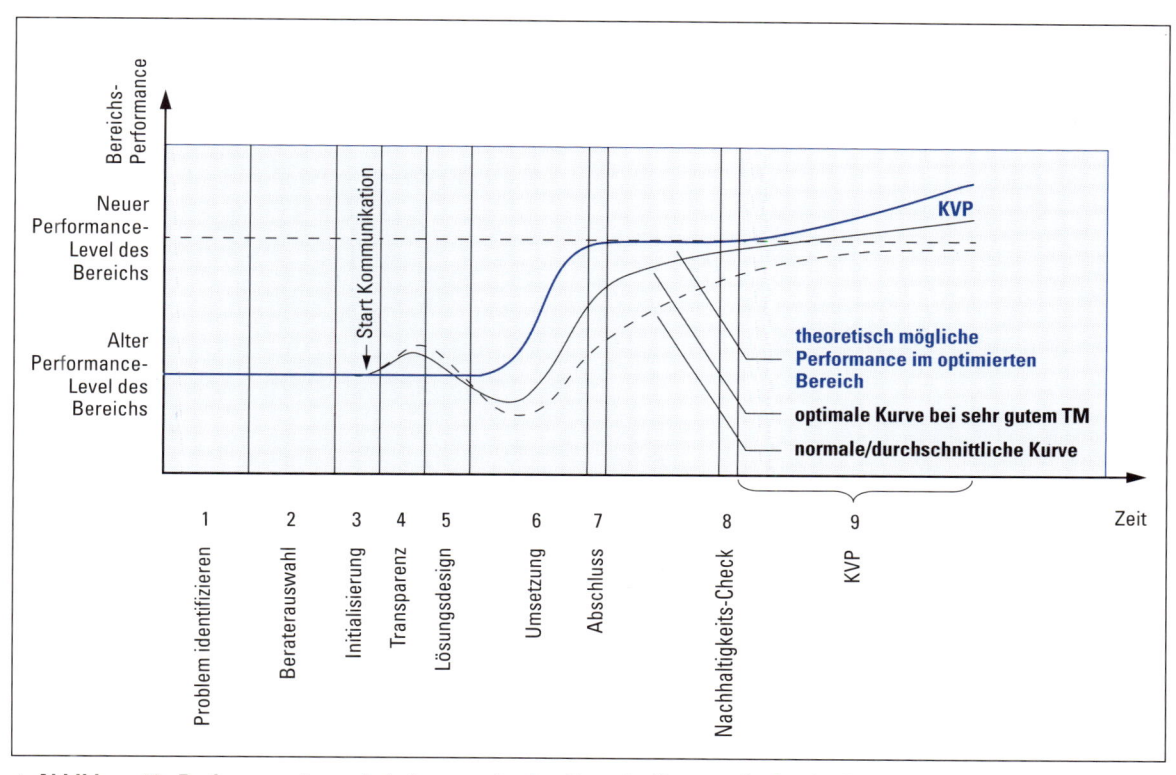

▲ **Abbildung 19** Performancekurve bei einem optimalen Start der Kommunikation im Projekt

5
Die Umsetzung von Consulting Governance in die Praxis

Handlungsanleitung für die erfolgreiche Umsetzung

Das Programm Consulting Governance zielt darauf ab, dass in allen Projektphasen und -stufen die Disziplinen-Trilogie als Einheit realisiert wird. In diesem Kapitel wird die konkrete Vorgehensweise zur Umsetzung in die Praxis gezeigt. Die folgenden Ausführungen sind eine Handlungsanleitung über alle Stufen eines Projekts. Die Einfachheit von Consulting Governance liegt in der darin implizierten Systematik von TM, CPI und PM und damit in der konsequenten Anwendung über sämtliche Stufen (▶ Abbildung 20 illustriert diesen Kontext; wie bereits in Abschnitt 4.3 «Vernetztes Denken im Projekt: die Trilogie der Disziplinen» erläutert).

82   5   Die Umsetzung von Consulting Governance in die Praxis

Vorbereiten
durch
Unternehmen

1. Problem identifizieren
2. Berater auswählen

Durchführen
durch
Unternehmen
und Consultant

3. Projekt initialisieren
4. Transparenz schaffen
5. Lösungsdesign erarbeiten
6. Masterplan umsetzen
7. Projekt abschliessen

Anwenden
durch
Unternehmen

8. Nachhaltigkeit überprüfen
9. Laufende Ergebnisverbesserung

Transition Management TM
Veränderung ermöglichen

Corporate Performance Improvement CPI
Laufende Steigerung der Wertschöpfung

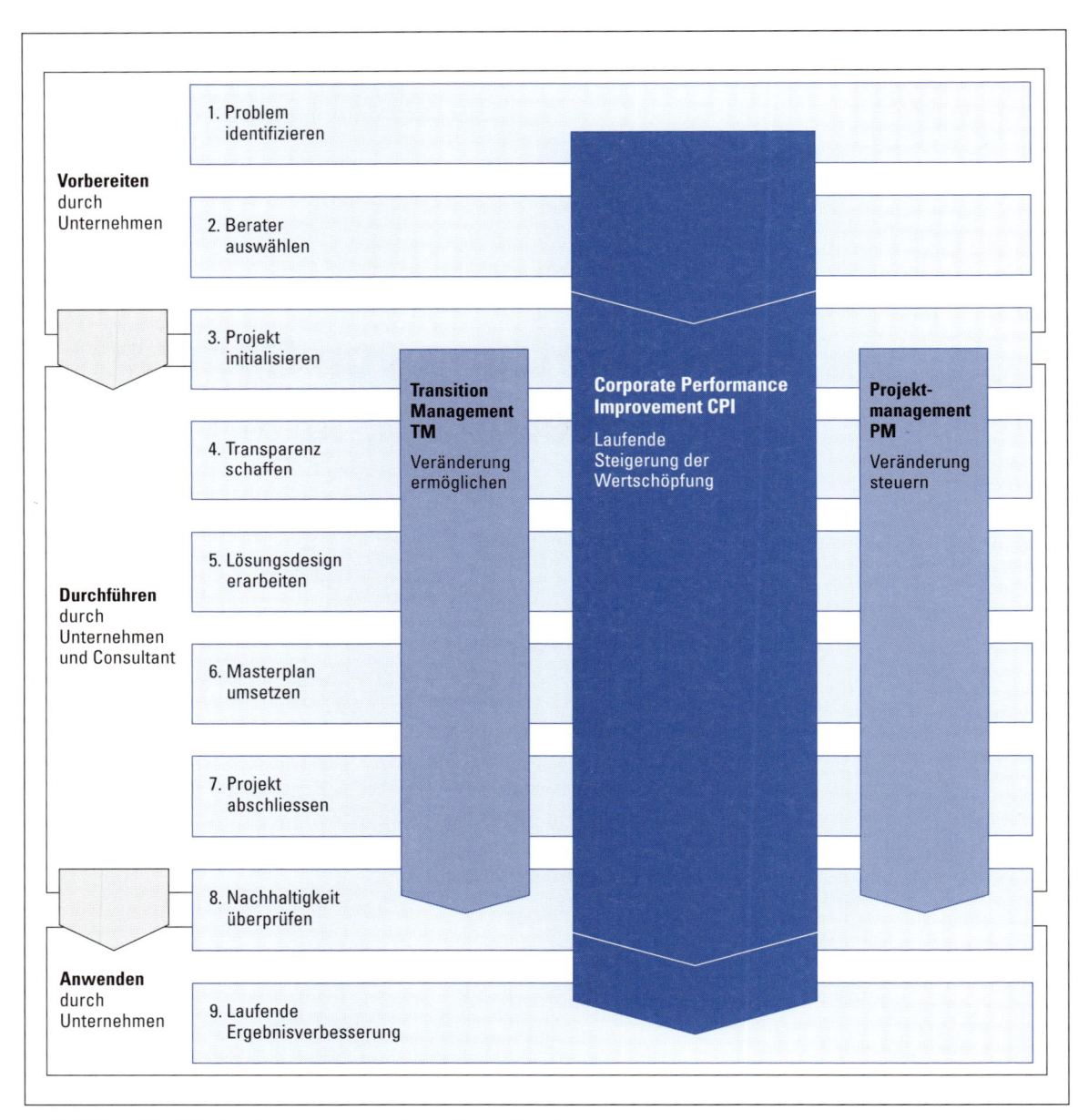

Projektmanagement PM
Veränderung steuern

▲ **Abbildung 20   9-Stufen-Vorgehensmodell von Consulting Governance**

5.1 Stufe 1 «Problem identifizieren»

Die Stufe 1 «Problem identifizieren» wird vom jeweiligen Unternehmen alleine realisiert. Im Zentrum der Betrachtung steht vor allem die Beeinflussung der unternehmerischen Leistungsfähigkeit. Entweder wirkt das Unternehmen einer bevorstehenden Verschlechterung seines Erfolgs entgegen oder es strebt eine Steigerung gegenüber dem Ist-Zustand an. Beide Fälle sind klassische Corporate Performance Improvements, insbesondere wenn sie nachhaltig wirksam sein sollen.

Auf Stufe 1 werden die Disziplinen Projektmanagement und Transition Management vorbereitet, und zwar indem bisherige dokumentierte Erfahrungen im Sinne von Lessons Learned aufgearbeitet werden.

5.1.1 Vorbereitende Schritte

Unternehmen suchen keine Probleme. Diese zeigen sich von selbst, wenn wichtige Ziele nicht erreicht werden und finanzielle Mängel (Abweichung der realisierten Werte vom Plan) offenkundig werden. Jedes Unternehmen hat ständig eine Vielzahl von Problemen – bei begrenzter Problemlösungskapazität. Ein Problem stellt aber immer auch eine Chance dar, sobald das Unternehmen sich bewusst dazu entschliesst, seine Leistungsfähigkeit zu verbessern, also zum Beispiel neue Handlungsfelder zu erschliessen, neue Marktsegmente zu bearbeiten, neue Produkte zu lancieren, effizientere Prozesse einzuführen oder vorhandene Optimierungspotenziale zu realisieren. Nachdem das Problem qualifiziert und bewertet worden ist, unterstützt ein Unternehmen auch ein Veränderungsprojekt und stellt finanzielle, personelle sowie Sachmittel zur Verfügung.

Der Hinweis auf ein Problem im Unternehmen kann gegeben werden von

- der Geschäftsleitung,
- den Mitarbeitern,
- Kunden,
- Dritten (Geschäftspartnern, Lieferanten etc.),
- Investoren (Eigenkapitalgebern),
- Banken (Fremdkapitalgebern),
- anderen Anspruchsgruppen.

Die Geschäftsleitung muss sich über die Wichtigkeit und Dringlichkeit der jeweiligen Probleme und über die Notwendigkeit zu deren Lösung einig sein. Dies bedeutet zunächst, dass

- das Problem erst einmal definiert und abgegrenzt wird;
- gleichzeitig eine klare Priorisierung erfolgt: Welches Problem soll zuerst gelöst werden? Antwort: Jenes, dass die höchsten direkten und indirekten finanziellen Konsequenzen auf die Leistungsfähigkeit des Unternehmens hat.
- Parallel dazu werden die aus der Problemlage resultierenden Sofort-Herausforderungen angegangen, um das Entstehen weiterer Probleme zu vermeiden.

5.1.2 Ziele

Ziel 1: Auf Stufe 1 «Problem identifizieren» wird die Nachhaltigkeit des Gesamtprojekts bereits begründet, indem sie die treibenden Kräfte für das Veränderungsprojekt freisetzt. Die Problemidentifikation liefert den zentralen Input für das Gesamtprojekt und ist entscheidend für Verlauf, Qualität und Nachhaltigkeit der Problembehebung.

Ziel 2: Alle möglichen Optimierungspotenziale sind zu identifizieren, damit diese in den späteren Stufen konzeptionell aufgearbeitet und genutzt werden können. Das Unternehmen ist dadurch gerüstet, künftige Herausforderungen besser zu meistern.

Natürlich schaffen der entgangene Gewinn oder Umsatz und die damit verbundenen Kosten und Risiken ein Problembewusstsein. Um Gewinn- und/oder Umsatzeinbussen zu verhindern, wird sich wohl jede Geschäftsleitung dazu motivieren lassen, Berater auszuwählen und ein Projekt zu initialisieren und durchzuführen, das mit einem nachhaltig wirksamen Erfolg beendet werden kann. Die Fokussierung ausschliesslich auf diese rein monetären Aspekte (Umsatz, Gewinn, Kosten, Risiken) führt jedoch zu einer inhärenten Chancenminimierung: Kurzfristig lässt sich der Umsatz allenfalls auch durch eine radikale Aufstockung des Werbebudgets beflügeln. Andere Chancenpotenziale wie zum Beispiel die Entwicklung neuer Produkte, effizientere Verkaufsprozesse würden also bei einem allzu engen Fokus zwangsläufig vernachlässigt werden.

Ziel 3: In der Geschäftsleitung (oder in einem beauftragten Gremium) werden die Probleme nach ihrer Priorität geordnet. Folgende Fragen helfen weiter:
- Welche finanziellen Konsequenzen bringt das Problem?
- Ist das Problem effizient behebbar? Die Kosten für die Behebung des Problems dürfen den dadurch verursachten finanziellen Schaden nicht übersteigen.

- Wie hoch ist die Komplexität des Problems und der Problembehebung?
- Wie hoch sind das Erfolgspotenzial und/oder der damit einhergehende Nutzen?
- Welche Dringlichkeit hat das Problem (z. B. in Abhängigkeit zu anderen Projekten)?

Ziel 4: Die «Problem-Ownership» und die Ausstattung mit den notwendigen Kompetenzen und finanziellen Mitteln sind geregelt.

5.1.3 Ergebnisse

Je klarer das Problem identifiziert ist, umso grösser ist in der Regel der Erfolg bei dessen Behebung. Folgende Ergebnisse sollten vorhanden sein:

Ergebnis 1 – Häufigkeit und Wahrscheinlichkeit seines Auftretens: Wie oft ist das Problem in der Vergangenheit aufgetreten, wie häufig tritt es gegenwärtig auf und wie häufig wird es in einer kurz-, mittel- oder langfristigen Perspektive in der Zukunft auftreten?

Ergebnis 2 – Qualifizierung des Problems: Was, welcher Gegenstand, welcher Prozess, welche finanziellen Aspekte, welche Person sind durch das Problem betroffen? Erforderlich ist die genaue Qualifizierung des Problems. Sie wird in der Unternehmensleitung und gegenüber den Anspruchsgruppen kommuniziert.

Ergebnis 3 – Ausmass des Problems: Seine Schwere und sein Gewicht werden sorgfältig quantifiziert – etwa durch folgende Parameter:
- Dauer des Auftretens,
- Häufigkeit des Auftretens,
- nummerisches Gewicht: z. B. Anzahl, Fehlerrate, Fehlbetrag,
- Stärke seines Auftretens.

Ergebnis 4 – finanzielle Bewertung:
- Wie gross ist der finanzielle Schaden (direkt oder indirekt entstehende Kosten, entgangener Gewinn)?
- Um wie viel reduziert das Problem aktuell und in Zukunft die Leistungsfähigkeit des Unternehmens?
- Wie hoch wäre die Leistungsfähigkeit des Unternehmens, bestünde das Problem nicht und würde auch in Zukunft nicht bestehen?
- Welche Wettbewerbsvorteile und Marktchancen entgehen dem Unternehmen aufgrund des Problems?

Ergebnis 5 – Relativierung des Problems:
- Welche vergleichbaren Prozesse, Abteilungen etc. im eigenen Unternehmen gibt es, die im Rahmen eines internen Benchmarking mit dem Problembereich verglichen werden könnten?
- Welche vergleichbaren Prozesse, Abteilungen in Konkurrenzunternehmen gibt es, die im Rahmen eines externen Benchmarking mit dem Problembereich verglichen werden könnten?
- Lässt sich das Problem im Rahmen eines Vergleichs mit Markt- oder Branchenusanzen, Best Practice, gesetzlichen Vorschriften (Compliance) etc. relativieren?
- Lassen sich Vergleiche mit den Branchenkennzahlen, Daten von Referenzmärkten, Firmenbeurteilungen, Ergebnissen aus Markt- und Potenzialforschung, Rentabilitäten und Renditen etc. anstellen?

Ergebnis 6 – Wer ist vom Problem betroffen?
- Welche Personen oder Gruppen sind innerhalb und ausserhalb des Unternehmens, mittelbar bzw. unmittelbar vom Problem betroffen?
- Wie (qualitativ und quantitativ) sind diese Personen betroffen?

Sind alle oben genannten Fragen beantwortet, trifft das verantwortliche Gremium (Geschäftsleitung o.ä.) eine Entscheidung, ob das Problem und dessen Ursachen gelöst werden sollen oder nicht. Falls Ja, werden finanzielle und personelle Mittel zur Verfügung gestellt.

Anschliessend werden die personellen Ressourcen, deren Kompetenzen, Erfahrungen und Qualifikationen einem Soll-/Ist-Vergleichs unterzogen. Anhand dieses Vergleichs lässt sich bestimmen, ob und welcher Bedarf an externer Beratung besteht.

5.1.4 Herausforderungen an CPI

Bisher ging es auf Stufe 1 «Problem identifizieren» darum, das Problem im Kontext zur Leistungsfähigkeit des Unternehmens zu qualifizieren. Beim Corporate Performance Improvement geht es nun darum, den Fokus zu öffnen und die Bedeutung des Problems (bzw. seiner Lösung) an sich und für die gegenwärtige und geplante Strategie des Unternehmens festzustellen. Zunächst sollte das Unternehmen eine Gewichtung des Problems und seiner Folgen(-probleme) vornehmen:

- Wie wird die angestrebte Problemlösung quantitativ bewertet?
- Besteht in der Geschäftsleitung Einigkeit über den quantitativen Wert der Problemlösung?

- Welche Verbesserung der Leistungsfähigkeit, Effektivität und Effizienz ergeben sich, wenn das Problem ursächlich gelöst oder zumindest neutralisiert ist?
- Resultieren Folgeprobleme aus dem identifizierten Problem?
- Handelt es sich beim identifizierten Problem um ein Folgeproblem eines übergeordneten Problems?
- Welche Wechselwirkungen (qualitativ und quantitativ) existieren zwischen dem identifizierten Problem und anderen Problemen oder Prozessen?
- Gibt es Zusammenhänge zwischen dem identifizierten Problem (Zeitpunkt, Dauer, Stärke, finanzieller Schaden, entgangener Gewinn) und anderen bekannten Problemen?
- Wie (qualitativ und quantitativ) behindert das identifizierte Problem die unternehmerische Effektivität und Effizienz?

Im nächsten Schritt wird untersucht, in welchem Kontext das identifizierte Problem zur Unternehmensstrategie, den Strategischen Geschäftsfeldern und zu den Kritischen Erfolgsfaktoren steht. Liegt die Ursache des Problems in der Strategie etc. begründet, dann ist diese zu ändern. Andernfalls besteht die Gefahr der Symptomtherapie.

Ein wichtiges Prüfkriterium ist in diesem Zusammenhang auch der Einfluss des Problems auf wichtige unternehmerische Kennzahlen. Dazu gehören unter anderem:

- alle Erfolgskennzahlen (Bilanz und Erfolgsrechnung),
- Liquidität,
- Lagerbestand und Bestellmengen,
- Absatzmengen und Absatzplanung,
- Reichweite der Marketing-Kommunikation,
- Kundenzufriedenheit,
- Mitarbeiterbestand,
- Bonussumme.

Jetzt liegt eine Reihe wichtiger Problembetrachtungen und -analysen vor. Im nächsten Schritt geht es darum, dieser mehr oder minder subjektiven Sicht der Dinge eine «objektive» Dimension hinzuzufügen. Andernfalls bestünde die Gefahr, dass sich das Projekt irgendwann im Kreise dreht. Um dies zu vermeiden, führt die Unternehmensleitung zum Beispiel eine systematische Problemidentifikation aus der Sicht des Kunden und/oder anderer Anspruchsgruppen (Kunden-Feedbacks, Marktforschung, Kunden-Umfragen etc.) durch.

Die Sicht des Kunden ist noch aus einem anderen Grunde wichtig: Sie bringt gewissermassen den Stein, und damit das Projekt, ins Rollen, weil greifbar, ja gelegentlich sogar spürbar wird, was das Problem ist und wie dessen Lösung aussehen könnte.

Auch wenn es für eine wirkliche Lösungsskizze noch zu früh ist, kann und muss nun eine Projektvision formuliert werden. Diese ist wichtig, weil die Bewältigung des Problems von vielen Beteiligten erhebliches, persönliches Engagement fordern wird. Und wer lässt sich schon zu ausserordentlichen Leistungen motivieren, solange die Vision nicht bekannt ist?

Eine der letzten Herausforderungen des CPI auf Stufe 1 ist es, die künftigen Kosten zu bestimmen, und zwar

- jene Kosten, die sich aus dem Problem ergeben und
- Kosten, die dank der Problemlösung vermieden werden können.

Beides fliesst in die Planung der unternehmerischen Leistungsfähigkeit ein und zwar prospektiv. In diesem Kontext werden nun die aktuelle Situation und die bereits vorhandenen Lösungsansätze auf potenzielle Risiken geprüft und entsprechende Massnahmen entwickelt.

5.1.5 Herausforderungen an das Transition Management

Das Transition Management kommt auf Stufe 1 noch nicht zum Tragen. Diverse Aspekte aber sind schon jetzt zu beachten, da sie für den späteren Erfolg wichtig sind:

- *Wer ist betroffen?* Das Problem wird im Kontext mit allen Anspruchsgruppen untersucht: Alle Anspruchsgruppen, die aufgrund des Problems bzw. seiner Lösung benachteiligt werden oder davon profitieren, sind zu erfassen und in die Problemdefinition einzubeziehen. Sie sind gewissermassen Teil des Problems oder der Lösung. Es ist also eine Liste von absehbaren Treibern/Barrieren für die Problembehebung zu erstellen. Die Anspruchsgruppen sind – ihrer Bedeutung gemäss – konstruktiv einzubinden, und zwar schon bei der Problemidentifikation und natürlich auch bei der Diskussion über mögliche Wege zur Problembehebung.
- *Vollständigkeit der Ansprüche an die Problembehebung:* Ist sich die Geschäftsleitung über die Bedeutung des Problems einig, reicht dies zur Problembehebung noch nicht aus. Einigkeit sollte auch darüber bestehen, wie die potenzielle Lösung aussehen soll. Die definierten Ziele haben einerseits alle Ansprüche abzudecken, andererseits darf das Projektteam nicht überfordert werden. Denn jedes nicht innerhalb nützlicher Frist realisierbare Ziel ist ein Misserfolg und schmälert damit den Gesamterfolg des Projekts.

- *Ansprüche an die mit der Problembehebung betrauten internen Mitarbeiter:* Bereits auf Stufe 1 «Problem identifizieren» legt die Geschäftsleitung fest, wer für die Problembehebung zuständig ist und welche Kompetenzen und welche finanziellen Mittel zur Problembehebung nötig sind. Die ausgewählten Mitarbeiter müssen von möglichst vielen internen Anspruchsgruppen akzeptiert und respektiert werden und in der Lage sein, effizient miteinander zu arbeiten.
- *Problemkommunikation:* Das Unternehmen braucht eine «Vision/Idee» zur Zielerreichung der Veränderung. Diese zeigt das Unternehmen in einer Phase, in der das Problem bereits behoben ist. Es reicht nicht, wenn die Geschäftsleitung diese «Vision/Idee» kennt und sich einig darüber ist, sie ist im Unternehmen zu kommunizieren.
- *Abgrenzung zu bestehenden Veränderungsprojekten und -initiativen:* Die Redundanz von Projektzielen zur Problembehebung ist in jedem Fall zu vermeiden. Hingegen sind wo immer möglich Synergien zwischen Projekten herzustellen.

5.1.6 Herausforderungen an das Projektmanagement

Auf Stufe 1 «Problem identifizieren» ist die Disziplin Projektmanagement noch nicht aktiv. Erste Herausforderungen bestehen aber bereits jetzt:

- Vorläufige Ursachenanalyse:
  - Welche Ursachen hat das Problem? Die Antwort auf diese Frage wird sinnvollerweise zuerst vom Unternehmen selbst gesucht.

- Ressourcenplanung:
  - Kann das Unternehmen das Problem mit absehbaren und vorhandenen Mitteln und Massnahmen selbst lösen?
  - Wenn Nein, welche Defizite und Mängel bestehen und müssen durch externe Berater abgedeckt werden?

- Kontext zu anderen Problemen:
  - Welche Einflüsse (organisatorisch, personell etc.) hat das identifizierte Problem auf operative Prozesse, andere Probleme, laufende Projekte etc.?
  - Ergeben sich bei der Problembewältigung Überschneidungen, Synergien oder möglicherweise Konkurrenzen mit anderen Initiativen?

- Lösungskompetenz und Know-how:
  - Welche Kompetenzen und welches Know-how stehen im Unternehmen zur Problembewältigung zur Verfügung?
  - Können Ressourcen im Unternehmen freigestellt werden?
  - Welche Art von Beratung wird benötigt?

- Nutzenquantifizierung:
  - Mit welchen Instrumenten sollen die Resultate im Projektverlauf nachgewiesen werden?
  - Wie hoch sind, grob geschätzt, die Risiken in Bezug auf Kosten, Termine und Qualität?

▶ Tabelle 3 gibt – basierend auf den bisherigen Ausführungen – in geraffter Form einen Überblick zu den wichtigsten Ergebnissen und den Beiträgen, die seitens des Auftraggebers/Unternehmens und des Unternehmensberaters zu liefern sind.

▼ **Tabelle 3 Stufe 1 «Problem identifizieren»**

	Ergebnisse	Beiträge des Auftraggebers/ Unternehmens	Beiträge des Unternehmensberaters	Kritische Erfolgsfaktoren (KEF)	Wirkung
CPI	Genaue sachliche Beschreibung des Problems Damit verbundene Kosten/Leistungseinbussen bzw. entgangene Umsätze Priorisierung des Problems und der zu seiner Behebung notwendigen Ziele gegenüber Strategie, KEF und anderen Problemen; Projektportfolio Verantwortlichkeit für die Beseitigung des Problems festgelegt (Problem-Ownership) Grob skizzierter Business Case (auf Annahmen oder/und Grobanalysen basierend)	Erarbeiten der Ergebnisse (siehe Spalte «Ergebnisse») Einsetzen von Problem-Owner/Projektsponsor Ausstattung mit erforderlichen Kompetenzen, Verantwortung, Zuteilung der Ressourcen Setzung von Zielen für die Problembeseitigung Herstellung von Rahmenbedingungen, die einen optimalen Beratereinsatz in nachfolgenden Stufen des Projekts ermöglicht		Die Bedeutsamkeit des identifizierten Problems für das Unternehmen (Objektivität) Zu starke oder zu schwache Personifizierung einer Initiative Nicht nur die Symptome, sondern das Problem selbst und alle seine Ursachen sind bestimmt Vollständiges Erfassen (qualitativ und quantitativ) des Problems und seiner Ursachen Sicherstellen, dass das Problem einfach und klar auf den Punkt gebracht wird Wechselwirkungen mit anderen Problemen sind bestimmt	Realistische Ziele für die Problembehebung werden gesetzt CPI wird für die nachfolgenden Stufen ermöglicht

▼ Tabelle 3   Stufe 1 «Problem identifizieren» (Forts.)

	Ergebnisse	Beiträge des Auftraggebers/ Unternehmens	Beiträge des Unternehmensberaters	Kritische Erfolgsfaktoren (KEF)	Wirkung
TM	**TM als eigenständige Disziplin existiert noch nicht** Liste aller Betroffenen innerhalb und ausserhalb des Unternehmens und der Grad ihrer Betroffenheit Aufstellung aller potenziellen Treiber/Barrieren für die Problembehebung Kommunizierbare «Vision/Idee» einer Welt des Unternehmens ohne das Problem, auch wenn es sich dabei um einen «Traum» handeln sollte	Den Konsens aller Betroffenen herstellen Das Problem und seine angestrebte Behebung offensiv kommunizieren Absehbare Widerstände erfassen und Wege zu deren Beseitigung aufzeigen Alle absehbaren Anspruchsgruppen konstruktiv in die Problemidentifikation und in der Planung der Beseitigung einbeziehen		Unterstützung der angestrebten Problemlösung durch alle Anspruchsgruppen Herstellung von Transparenz und Akzeptanz	Herstellung eines über alle Anspruchsgruppen gehenden Konsenses Transition Management in den späteren Stufen ermöglicht und vorbereitet
PM	**PM als eigenständige Disziplin existiert noch nicht** Zeitplan, inkl. Meilensteine, innerhalb dessen das Problem behoben wird Ressourcenplan für die Behebung Grober Soll-/Ist-Vergleich der für die Problembehebung erforderlichen Ressourcen und Identifikation eines Fehlbestands (Input für Stufe 2 «Berater auswählen»)	Qualifizierung erforderlicher Beratungsdienstleistungen, indem ein vorhandener Mangel aufgezeigt wird Operationalisierung der Globalziele und überschaubare Durchführungsschritte		Effizienz der angestrebten Problemlösung sicherstellen Den Zielen angemessener Zeithorizont wird definiert, und die zur Erreichung benötigten Ressourcen sind vorhanden	Den Zielen entsprechende Mittel, Ressourcen und Kompetenzen sind festgelegt und auch bereitgestellt; dadurch sind die Risiken des Scheiterns minimiert Projektmanagement in den späteren Stufen ermöglichen und vorbereiten

5.1.7 Worst-Case-Szenarien

Die nachstehenden Worst-Case-Szenarien auf Stufe 1 «Problem identifizieren» sind keineswegs graue Theorie, sondern erlebte Realität. Oft überlagern sich mehrere Szenarien:

- *Probleme als «Eintagsfliegen»:* Werden erfolgreiche Projekte plötzlich abgebrochen, weil sich die Problemwahrnehmung der Geschäftsleitung während der Projektdauer geändert hat, erschüttert dies die Glaubwürdigkeit und das Vertrauen in die Kompetenz der Geschäftsleitung.
- *Problembehebung über «gesamtthemenfassende Projekte»:* Mit Zielen und Lösungen überfrachtete Projekte sind von vornherein zum Scheitern verurteilt. In keinem Projekt kann man es allen Menschen im Unternehmen recht machen.
- *Zu starke Personalisierung:* Eine zu starke Personalisierung oder die falsche Personalisierung kann den Projekterfolg gefährden, weil dadurch das sachlich begründete Problem in den Augen zum Beispiel der Mitarbeiter zweitrangig wird.
- *Zu schwache Personalisierung:* Zu schwach personalisierte Projekte können zum Beispiel bei den Mitarbeitern den Schluss auslösen, das Problem sei nicht wirklich relevant.
- *Auslassen der Stufe 1 «Problem identifizieren»:* Wird die Stufe 1 ausgelassen, dann wird das zu lösende Problem nicht identifiziert, sondern nur definiert. Die notwendige Betrachtung aller wichtigen und für eine nachhaltige Lösung notwendigen Einflussfaktoren findet nicht statt, und die Einsicht, dass die Behebung des Problems gerade jetzt wichtig ist, lässt sich nicht auf breiter Basis herstellen.

5.1.8 Nutzen aus der Vernetzung

Die im Rahmen von Consulting Governance unabdingbare Vernetzung der drei Disziplinen CPI, TM und PM führt bereits auf Stufe 1 inhärent zu einer vollständigen Problemidentifikation. Vollständigkeit heisst hier: Das Problem und seine Ursachen sind aus Sicht des Unternehmens identifiziert und es sind weiter alle Wechselwirkungen mit anderen Projekten sowie die Einflüsse der Anspruchsgruppen definiert. Alle für die künftigen Stufen wichtigen Fakten sind vorbereitend angedacht und identifiziert. Eine durchgängige Sorgfalt auf Stufe 1 hilft, Risiken in den folgenden Stufen zu minimieren oder auszuschalten.

Die eigentliche Identifizierung des Problems und dessen Priorisierung sind ureigenste Aufgaben der Geschäftsleitung. Berater sollten auf dieser Stufe nicht hinzugezogen werden. Bei der Beurteilung des Problemausmasses und bei der Ermittlung der Wirkungszusammenhänge kann ein fachlich kompetenter Berater jedoch hilfreich sein.

Problemidentifizierungen sollten im Unternehmen permanent praktiziert werden. Nur als wichtig klassierte Probleme dürfen im Sinne einer guten Consulting Governance an die Stufe 2 «Berater auswählen» weitergereicht werden.

5.2 Stufe 2 «Berater auswählen»

Auch für die Stufe 2 «Berater auswählen» ist alleine das Unternehmen zuständig. Hier werden die Anforderungen an das Projektmanagement und Transition Management weiter vorbereitet beziehungsweise konkretisiert. Nach und nach kristallisieren sich diverse Faktoren heraus, die für die Beurteilung der Beraterkompetenz relevant sein werden. Im Zentrum steht immer die Frage «Wie kann durch die Beratertätigkeit die unternehmerische Leistungsfähigkeit und die Problembehebung bestmöglich beeinflusst werden?».

5.2.1 Vorbereitende Schritte

«Auswahl» heisst immer, dass man mehr als eine Option hat. Für die objektive Beraterwahl sollten die folgenden Voraussetzungen erfüllt sein:

- Das Unternehmen hat die Resultate der Stufe 1 «Problem identifizieren» vollständig erarbeitet und dokumentiert. Die jeweils notwendigen Informationen sind allen Beratungsfirmen, die um eine Offerte gebeten werden, identisch kommuniziert worden (Objektivität der Fakten, Grundsatz der Gleichbehandlung).
- Der quantitative Beratungsbedarf und das erforderliche Know-how sind zumindest ansatzweise bekannt und dokumentiert. Diese Informationen werden den zur Wahl stehenden Beratungsfirmen ebenfalls kommuniziert.

Bei der Auswahl des Beratungsunternehmens haben im Rahmen von Consulting Governance folgende Kriterien hohe Priorität:

- Zur Behebung des identifizierten Problems wird das leistungsfähigste Beratungsunternehmen gefunden.
- Der Berater verfügt über die Kompetenz und Erfahrung, Probleme zu identifizieren und im Sinne der wirtschaftlichen Ziele des Unternehmens zu präzisieren.
- Die Problemidentifikation des Unternehmens und die Problemidentifikation des Beraters werden gegenübergestellt und diskutiert. Nach Abschluss der innerhalb nützlicher Frist zu führenden Diskussionen gibt es keine Differenzen mehr.

Voraussetzung für die Auswahl und spätere Akzeptanz eines Beraters und seiner Leistungen ist, dass im eigenen Unternehmen der Mangel an Kompetenz, Erfahrung, Methoden erkannt und eingesehen wird. Die Aufgabe des Beraters besteht darin, das gemeinsam identifizierte Problem zu beheben und die praktische Umsetzung dieser Problemlösung im Projekt zu unterstützen. Inwieweit die Problemlösung nachhaltig wirksam ist, muss auch nach dem Projekt objektiv und unter Einbezug des Beraters überprüft und kontrolliert werden können. Dies setzt aber voraus, dass die Ausschreibungsunterlagen, Ziele und der konkrete Projektauftrag eine ausreichende Präzision, Klarheit und Transparenz aufweisen.

Während des Auswahlverfahrens vertiefen sich die Bewerber intensiv in die Problemlage des Unternehmens und erarbeiten einen konkreten Lösungsvorschlag mit genauem Vorgehen. Wichtig ist, dass darin die vorläufige Abschätzung der Rentabilität des Lösungsvorschlags enthalten ist.

Es sind somit folgende Schritte im Auswahlverfahren zu durchlaufen:

- Marktrecherche,
- Vorselektion,
- Briefing,
- Grobvorschläge,
- Feinselektion,
- Detailofferte,
- Auswahl/Entscheidung,
- Vertragsverhandlung.

Hilfreich sind bei der Auswahl auch Branchenverbände (z. B. ASCO in der Schweiz, BDU in Deutschland), die von ihren Mitgliedern einen hohen ausgewiesenen Leistungsstandard verlangen, um aufgenommen werden zu können. Vermehrt treten auch Meta-Berater am Markt auf, die darauf spezialisiert sind, das richtige Beratungsunternehmen zu finden.

5.2.2 Ziele

Das übergeordnete Ziel der Stufe 2 «Berater auswählen» ist klar: Es soll der beste Berater für die Behebung des identifizierten Problems auf effiziente Art und Weise gefunden und verpflichtet werden. Das Unternehmen informiert ausgewählte Unternehmensberatungen über die Anforderungen. Diese erstellen eine detaillierte Offerte, welche ein komplettes Vorgehens-Szenario und wenn möglich eine grobe Rentabilitätsabschätzung enthält. Die Schwierigkeit ist nun, die beste Offerte zu identifizieren, da diverse Ziele gleichzeitig optimiert bzw. aufeinander abgestimmt werden müssen. Daher sind verschiedene Kriterien, die in der Offerte behandelt sein sollten, zu beachten:

Kriterien der Offerte

- *Problembehebung und CPI:* Bei einer vorgeschlagenen Lösung geht es immer primär um das erzielbare Corporate Performance Improvement, also um die absolute und relative Steigerung der unternehmerischen Leistungsfähigkeit. Gleichzeitig aber sind jene Hemmnisse abzubauen bzw. zu eliminieren, welche die Entwicklung der unternehmerischen Leistungsfähigkeit bisher behinderten. Zusätzlich sind positive wie negative Auswirkungen einer Lösungs- und Vorgehensvariante auf andere Projekte im Unternehmen zu betrachten. All diese Aspekte berücksichtigt das beauftragte Gremium unter anderem bei der Beraterauswahl. Um sich dabei in diesen Fragestellungen nicht zu verlieren, wird jene Unternehmensberatung bevorzugt, die einerseits das Problem des Unternehmens am besten versteht (Effektivität) und die andererseits das grössere CPI erbringt.
- *Projektkosten:* Natürlich stellt sich bei jedem Projekt, aber auch bei den von Beratern begleiteten Projekten die Frage: «Was kostet uns das direkt und indirekt?» Die Beraterhonorare sind in jedem von Dritten unterstützten Projekt sicher immer ein wichtiger Kostenfaktor. Nun aber einfach die kostengünstigste Berateroffinate zu wählen, wäre kurzsichtig, wenn dadurch wichtige Leistungsmerkmale nicht verbessert werden oder das Projektrisiko zu gross wird. Vorrang bei der Beraterauswahl hat deshalb immer die kostenoptimale Offerte.
- *Effizienz in der Projektabwicklung:* Bei der Beurteilung des Projektvorgehensvorschlages ist auch der internen und externe Aufwand zu hinterfragen und damit eine Effizienzbetrachtung vorzunehmen.
- *Projektdauer:* Jedes mit Problemen kämpfende Unternehmen hat ein Interesse daran, dass das jeweilige Problem so rasch und effektiv wie möglich behoben ist. Die Schnelligkeit darf aber nicht auf Kosten des CPI gehen. Denn dann bestünde die Gefahr, dass das Problem später – gleich oder anders geartet – neu entsteht. Vorrang bekommen deshalb jene Berateroffreten, in denen trotz kurzer Projektdauer eine optimale Lösung glaubhaft dargelegt werden konnte.

- *Projektrisiken:* Jede Implementierung einer problemlösenden Veränderung ist mit Widerständen und Erschwernissen verbunden. Je tiefgreifender und umfangreicher die Veränderungen der bestehenden operativen Prozesse sind und den Gewohnheiten der Mitarbeiter widersprechen, umso grösser die Widerstände (Barrieren). Aber es gibt auch Personen, die ihren eigenen Erfolg und den Erfolg ihrer Firma als gleichgerichtet sehen und positive Beiträge zur Problembehebung liefern und damit diese beschleunigen (Treiber).
  Barrieren wie Treiber beinhalten eine Risikokomponente für den Leistungsüberschuss aus der Problembehebung. Durch flankierende Massnahmen des Transition Management, die durchaus mit einer vordergründigen Vergrösserung des Projektaufwands einhergehen können, lässt sich dieses Risiko beherrschen und nachhaltig vermindern. Können Risiken aber dadurch reduziert werden, ergibt dies meistens in der Gesamtbetrachtung einen Minderaufwand, da keine Korrekturkosten entstehen.
  Risiken werden auch verringert durch die Kompetenz und die Erfahrung des Beratungsunternehmens.

Bevor eine eigentliche Entscheidung für ein bestimmtes Beratungsunternehmen und die Umsetzung von dessen Lösungsvorschlag getroffen wird, optimiert das beauftragte Gremium die vorgenannten Faktoren. Generell wird es jeweils jene Variante wählen, die den höchsten Nutzen bei höchster Nutzen-Eintrittswahrscheinlichkeit verspricht.

Wie steht es nun um die Zurechenbarkeit von Aufwendungen und Nutzen im jeweiligen Projektvorhaben? Diese ist in der Regel nicht ohne weiteres möglich. Hier sind Kriterien, die eine Zurechenbarkeit erleichtern:

- Welche Synergien, welche Überschneidungen bestehen zu parallel geführten Projekten und Vorhaben?
- Entstehen durch das Nicht-Verwirklichen alternativer Konzepte Schäden oder Zusatzkosten?
- Sind die Erfolge der herbeigeführten Veränderungen nachhaltig wirksam?
- Lässt sich mit dem jeweiligen Beratungsunternehmen eine langfristige Partnerschaft aufbauen, die künftige Beratung und Unterstützung sichert?

Soweit die gängigsten Faktoren bei der Beraterauswahl. Im Rahmen von Consulting Governance spielen aber weitere Faktoren eine ebenso wichtige Rolle. Es geht dabei vor allem um die persönlichen Merkmale des Beraters und das Profil des Beratungsunternehmens:

Kompetenz des Beratungsunternehmens

- Wie kompetent erscheint das Beratungsunternehmen in punkto Problemlösung? Versteht der Berater die strategischen Ziele des Unternehmens und die Dringlichkeit der Problembehebung?
- Verfügt das Beratungsunternehmen über Branchenerfahrungen, um mit dem Kunden eine sachgerechte Lösung zu erarbeiten, die den Branchenusanzen Rechnung trägt?
- Wie steht es um die Sozialkompetenz? Verfügt das Beratungsunternehmen über ausreichende Kompetenzen im Transition Management, ausgewiesene Team-Fähigkeiten und Verständnis für die Kultur des Unternehmens?
- Ist das Beratungsunternehmen zertifiziert und hat es seine Methodenkompetenz und Vorgehensweise in der Praxis nachgewiesen?
- Ist das Beratungsunternehmen ausreichend gross, sodass genügend Ressourcen (Stellvertretung) verfügbar sind?
- Verfügt das Beratungsunternehmen über eine verbriefte Bindung an eine Beraterethik (z. B. über die CMC-Zertifizierung)?
- Sichert das Beratungsunternehmen die Einhaltung der Regeln von Consulting Governance und deren Umsetzung im Beratervertrag zur Herstellung der Partnerschaftlichkeit zu?

Quantitative Merkmale der Offerte des Beratungsunternehmens

- Entsprechen die in der Offerte kalkulierten Kosten aufgrund von objektiven Kriterien (Vergleiche mit analogen Aufgabenstellungen etc.) den dafür zu erbringenden Leistungen?
- Besteht eine Garantie für die Leistungsverbesserung durch das vorgeschlagene Vorgehen zur Problembehebung?
- Sind die Feedback-Massnahmen, welche Nachhaltigkeit sichern, in der Offerte enthalten?
- Ist das Management aller Projektrisiken integraler Teil des vorgeschlagenen Vorgehens?
- Honorierung:
  - Bestehen klar vereinbarte Zahlungsmodalitäten in Bezug auf Stufenabschlüsse und Meilensteine?
  - Inwieweit lassen sich aufgrund klar definierter Ziele die Projekterfolge variabel vergüten und ist das Beratungsunternehmen gegebenenfalls bereit dazu?
  - *In Ausnahmefällen:* Besteht die Bereitschaft zu Risikoübernahmen durch Vereinbarung eines erfolgsabhängigen Honorars? Dies bedingt jedoch, dass der Berater seine Vorstellungen mit durchsetzen kann und damit analog der Linie agiert. In den meisten Fällen hat sich dies nach unserer Erfahrung nicht bewährt.

Qualitative Merkmale der Offerte des Beraters

- Wie wird die Nachhaltigkeit der Resultate des Projekts sichergestellt?
- Welche Garantien gibt das Beratungsunternehmen (beispielsweise zum eingesetzten Team)?
- Sind der Umfang, die Art und die Definition der Bedingungen klar, die für die Zusammenarbeit zwischen Berater und Unternehmen gesetzt werden?
- Sieht die Offerte vor, wie im Fall eines Konflikts vorzugehen ist (De-Eskalation)?

5.2.3 Ergebnisse

Im Zentrum dieser Stufe steht die Auswahl des Beratungsunternehmens. Jetzt müssen auch sämtliche Modalitäten der Zusammenarbeit geregelt werden, bevor die Stufe 3 «Projekt initialisieren» beginnt.

Ergebnis 1: Die Ziele der Zusammenarbeit werden festgelegt. Basis dafür ist die auf Stufe 1 erarbeitete Problemidentifizierung und die ebenfalls definierte Problembehebung.

Ergebnis 2: Umfang und Bedingungen des Mandats:
- *Zeitdauer des Mandats:* Welche Projektstufen, welche Meilensteine (Zielerreichung) umfasst das zu definierende Beratungsmandat?
- *Beteiligte:* Welche Personen, Rollen und Stellvertretungen umfasst das Projekt? In der Mandatsbeschreibung sind die beauftragten Berater anhand ihrer Qualifikation und Erfahrung und die jeweils adäquate Stellvertretung klar beschrieben.
- *Aufgaben, Tätigkeit:* Was haben die Berater zu tun? Konzeptionelle Vorarbeiten, Coaching, Überprüfung, Unterstützung oder aber Ausführung, Projektleitung? Consulting Governance heisst hier: Der Berater darf seine eigene Tätigkeit nicht überwachen, auch nicht ein Kollege aus derselben Beratungsgesellschaft. Gleiches gilt für die Kontrolle der Arbeitsergebnisse des Beraters beziehungsweise des Projektteams.
- *Werthaltung:* Auf welcher gemeinsamen Werthaltung basiert die Zusammenarbeit zwischen Auftraggeber und Berater? Vertreten alle am Projekt beteiligten Mitarbeiter und Berater diese Werte?
- *Rechte und Pflichten aller Berater:* Welche Rolle nimmt welcher Berater wahr? Welcher Berater wird Mitglied des zu konstituierenden Lenkungsausschusses?
- *Zielvereinbarung und Rapportierung:* Wurde mit dem Berater eine Zielvereinbarung geschlossen? Ist die hierarchische Integration aller Berater transparent geregelt?

- *Festlegen der Exklusivität:* Wenn das Mandat echte Wettbewerbsvorteile bringen soll, dann muss durch die damit verknüpfte Exklusivitätsklausel im Vertrag verhindert werden, dass der Berater während und auch nach dem Projekt für Konkurrenten des beratenen Unternehmens im Themengebiet des Projektauftrages beziehungsweise in einem ähnlichen tätig wird.
- *Entlöhnung jedes einzelnen Beraters:* Die Bedingungen der Entlöhnung sind eindeutig derart festzulegen, dass den Projekterfolg beeinflussende Konflikte vermieden werden können (Erfolgsfaktor, den der Berater z.B. nicht alleine beeinflussen kann).

5.2.4 Herausforderungen an CPI

Wer die Stufe 2 «Berater auswählen» auf die vorgenannten Schritte und Checks reduziert, der lässt wesentliche Erfolgsparameter ausser Acht und gefährdet damit den angestrebten Projekterfolg. Auch aus der Perspektive des Corporate Performance Improvement sind Überprüfungen hinsichtlich der Beraterqualitäten vorzunehmen:

- Schlägt das Beratungsunternehmen in der Offerte ein massgeschneidertes Vorgehen vor und ist dieses intern umsetzbar? Standardisierte Lösungen «von der Stange» sind zwar bei Beratern seit jeher beliebt, beinhalten meistens auch weniger Risiken. Echte Wettbewerbsvorteile lassen sich so nicht verwirklichen. Lösungen, die alle haben, führen höchstens zu einem guten Branchendurchschnitt.
- Sind in der Beraterofferte wirklich alle Einflussfaktoren und Ursachen des zu behebenden Problems erfasst? Das Unternehmen braucht eine nachhaltige Lösung, keine Symptomtherapie. Wurde diesbezüglich ein Vergleich mit den Ergebnissen aus Stufe 1 «Problem identifizieren» durchgeführt?
- Wie bezieht die Offerte Umsetzungsrisiken ein? Ist das Transition Management fester Bestandteil des Vorgehens? Haben die Berater dafür Zeit, Ressourcen und letztlich auch ein Budget eingeplant?
- Wie glaubwürdig ist der in der Offerte enthaltene «Business Case»? Wie realistisch ist der prognostizierte Nutzenüberschuss?
- Welche Nutzen verspricht die Offerte für welchen Zeitpunkt (Berücksichtigung der Gegenwartspräferenz des Unternehmens)?
- Hat das Beratungsunternehmen bereits gleichgerichtete Projekte realisiert, und welche Erfahrungen liegen diesbezüglich vor (Referenzen)?
- Welche Mindeststandards der Beraterqualifikation sind in der Offerte definiert?

5.2.5 Herausforderungen an das Transition Management

Auch die Disziplin Transition Management existiert auf Stufe 2 noch nicht. Dennoch ist es wichtig, dass dieses in den Prüfprozess eingebunden ist. Folgende Kriterien sind für das Transition Management wichtig:

- Ist die vom Berater angebotene Lösung pragmatisch und deshalb umsetzbar? Das Unternehmen ist kein Experimentierfeld für innovative aber unerprobte und damit riskante Konzepte einer Universität oder aus einem MBA-Studium: Der Berater sollte im Zweifelsfall bereit und in der Lage sein, ambitiöse Ziele zurückzunehmen.
- Besteht betreffend der Beraterauswahl ein Konsens von allen internen Anspruchsgruppen? Nimmt der Berater deren Interessen ausreichend wahr? Wird der Berater von allen relevanten Anspruchsgruppen akzeptiert? Verfügt er über eine ausreichende Sozial- und Kommunikationskompetenz?
- Was schlägt das Beratungsunternehmen zum Thema Projektkommunikation vor: Welche Massnahmen, Mittel, Zeitpläne? Wie konkret und realistisch sind diese Vorgaben? Passen Art und Inhalte der Projektkommunikation zum Unternehmen oder will der Berater dem Kunden seinen Stil aufdrängen?
- Greift das Beratungsunternehmen in seiner Offerte auch Tabuthemen auf und macht es zu deren Behandlung Vorschläge? Wird das Thema «Konflikte» in der Offerte angesprochen und macht das Beratungsunternehmen Vorschläge zur De-Eskalation?
- Versteht das Beratungsunternehmen die Kultur des Kundenunternehmens? Bilden Elemente der Kultur des Unternehmens einen Teil seines zu behebenden Problems, so ist diese Kultur vom Berater in Frage zu stellen, wobei er Alternativen in die Diskussion einbringen sollte. Besteht kein Kulturproblem, muss die Offerte des Beratungsunternehmens die vorhandene und erprobte Kultur des Unternehmens widerspiegeln.
- Zeigt die Offerte glaubwürdig, dass sich die Beratungsfirma als echten Partner sieht?

5.2.6 Herausforderungen an das Projektmanagement

Obwohl auch die eigenständige Disziplin Projektmanagement auf Stufe 2 «Berater auswählen» noch nicht existiert, werden die Rahmenbedingungen für das Projektmanagement schon jetzt gesetzt. Deshalb sind die Kompetenzen und Erfahrungen des Beraters genau zu überprüfen. Das Beratungsunternehmen hat einschlägige Zertifikate und belegbare Projekterfahrungen in der Branche vorzulegen. Hier ist allerdings kritisch anzumerken: Auch dadurch lassen sich noch keine Wettbewerbsvorteile realisieren, sondern nur guter Branchendurchschnitt.

5.2 Stufe 2 «Berater auswählen»

- Sind in der Offerte der Arbeitsplan, zu erreichende Meilensteine, Terminplanung und die Ergebnisse definiert? Welche Rolle, welche Kompetenz und welche Verantwortung schreiben sich die Berater dabei selbst zu? Wie erfolgt die Abgrenzung zur Linie und zu den internen Projektmitarbeitern?
- Über welche Methodenkompetenz verfügt das Beratungsunternehmen? Wodurch (Zertifizierung, Referenzen) kann diese Kompetenz belegt werden?
- Legt die Offerte des Beratungsunternehmens auch «Unvorhergesehenes» und Risiken dar?
- Wie äussert sich das Beratungsunternehmen zur Zusammenarbeit mit internen Mitarbeitern? Wurden die Anforderungen an die Kunden-Mitarbeiter und an die künftige Projektorganisation definiert? Wie konkret ist all dies formuliert?

▶ Tabelle 4 fasst die relevanten Punkte in ihrem Kontext zusammen.

▼ **Tabelle 4   Stufe 2 «Berater auswählen»**

	Ergebnisse	Beiträge des Auftraggebers/ Unternehmens	Beiträge des Unternehmensberaters	Kritische Erfolgsfaktoren (KEF)	Wirkung
CPI	Der kompetenteste Berater wurde ausgewählt, da sein Lösungskonzept folgende Kriterien am besten erfüllen konnte: - Kosten-Nutzen-Optimum - geringste Risiken bei der Umsetzung - frühestmögliche Problembehebung - nachhaltig wirksame Ergebnisse	Erstellen eines Briefings evtl. mit Kurzbesprechung u. a. mit Ausgangslage/ Problem, Ziel, Ansatzpunkte Bedarfsprofil und Anforderungsprofil für die in Anspruch zu nehmenden Beratungsdienstleistungen erstellen und potenziellen Beratungspartnern kommunizieren Prüfen der Offerten auch auf Vollständigkeit Nutzwert-Analyse zur Entscheidungs-Vorbereitung Entscheidung	Dem Unternehmen einen Lösungsansatz unterbreiten, in dem das Problem behoben ist; den Nutzen daraus und dessen Nachhaltigkeit aufzeigen Bedenken im Unternehmen, dass durch den anzustrebenden Lösungsansatz Alternativen verbaut werden, sachlich korrekt widerlegen Glaubwürdigkeit herstellen, dass selbst ambitiöse Ziele praktisch umgesetzt werden können	Nicht durch falsche Versprechungen zu einem voreiligen Entschluss drängen lassen Entscheidung beruht auf dem Konsens aller Anspruchsgruppen im Unternehmen Alle relevanten gesetzlichen Vorschriften und Usanzen der Branche sind erfüllt Klare, verständliche Kriterien für die Beraterauswahl – insbesondere bezüglich Umsetzung Sachbezogene Kriterien neben emotionellen definieren und sicherstellen	Gewährleistung von Effektivität und Effizienz der Lösung (sofern die vereinbarten Regeln eingehalten werden) Minimierung der Risiken

▼ Tabelle 4   Stufe 2 «Berater auswählen» (Forts.)

	Ergebnisse	Beiträge des Auftraggebers/ Unternehmens	Beiträge des Unternehmensberaters	Kritische Erfolgsfaktoren (KEF)	Wirkung
TM	TM als eigenständige Disziplin wird vorbereitet. Aufzeigen des Vorgehens mit den Interessengruppen	Sicherstellen, dass die «Chemie» zwischen Berater und Unternehmen stimmt Transparenz schaffen: Interessengruppen und deren Ziele	Dem Unternehmen klarmachen, durch welche flankierenden Massnahmen sichergestellt werden kann, dass der Lösungsansatz auch tatsächlich praktisch erfolgreich ist Bezug zu den Interessengruppen herstellen	Sicherstellung, dass der Berater jene Kompetenzen ins TM mitbringt, die das Unternehmen selbst nicht hat, aber dringend benötigt Das Beratungsunternehmen hat sich in die Unternehmenskultur einzufühlen, um nachhaltige Erfolge zu erarbeiten; die «Chemie» stimmt	Ein professionelles TM, das dem Gesamtprojekt von grossem Nutzen sein wird
PM	PM als eigenständige Disziplin wird vorbereitet. Die Kompetenz des gewählten Beraters (u.a. Erfahrung in der Problemstellung und Branche) ermöglicht einen konstruktiven Input, sodass das Projektmanagement in den folgenden Stufen «zum Fliegen» kommen kann	Überprüfung der Methodenkompetenz des Beraters und Sicherstellung der Übereinstimmung mit im Unternehmen vorhandenen und bewährten Methoden Offenheit für vorgeschlagene Änderungen, wenn die bisherige Praxis ein Teil des Problems selbst ist	Dem Unternehmen darlegen, was notwendig ist, damit dieser Lösungsansatz Wirklichkeit werden kann Aufzeigen, welche personellen Ressourcen, welche finanziellen Mittel dazu nötig sind und wie lange es dauern wird, bis der Lösungsansatz Praxis im Unternehmen wird	Sicherstellung, dass der Berater jene Kompetenzen ins PM mitbringt, die das Unternehmen selbst nicht hat, aber dringend benötigt Berater akzeptiert die im Unternehmen implementierten Methoden und Verfahren, so sie nicht Teil des Problems sind	Ein professionelles Projektmanagement, das dem Gesamtprojekt von grossem Nutzen sein wird

5.2.7 Worst-Case-Szenarien

Jede Phase und jede Stufe des Projekts enthält die Möglichkeit von Fehlleistungen und Risiken. Mit Worst-Case-Szenarien lassen sich diese minimieren.

- *Auslassen der Stufe 2 «Berater auswählen»:* Wer ein Beratungsmandat aufgrund von Bekanntschaften vergibt, mag dadurch zwar vermeintlich das Risiko reduzieren. Die Quasi-Weglassung der Stufe 2 «Berater auswählen» führt dazu, dass die maximale Nutzenstiftung nur durch Zufall möglich wird.
- *Wegdelegieren unternehmerischer Verantwortung:* Verspricht oder verkauft ein Beratungsunternehmen ein Unternehmenskonzept bzw. Geschäftsmodell, so stellt sich die Frage, warum es nicht selbst damit unternehmerisch tätig wird. Wettbewerbsvorteile lassen sich damit nicht erwerben, da der Berater auch der Konkurrenz die gleichen Inhalte anbieten wird.
- *Fehlen des Konsenses bei der Beraterauswahl:* Erfolgt die Beraterauswahl ohne Konsens, so lässt sich die Nachhaltigkeit der Problemlösung nur dann sicherstellen, wenn die dem Berater die Zustimmung verweigernde Anspruchsgruppe aus dem Unternehmen gedrängt bzw. deren Einfluss auf das Projekt ausgeschlossen wird. Gelingt dies nicht, so droht das Projekt zu scheitern und ist nicht nachhaltig.
- *Falscher Beratungsinhalt:* Werden dem Berater nicht alle Fakten, die zur Auftragsvergabe führten offengelegt, besteht die Gefahr, dass der Berater falsche Inhalte ins Zentrum stellt.

5.2.8 Nutzen aus der Vernetzung

Im Kontext der Vernetzung der drei Disziplinen Corporate Performance Improvement, Transition Management und Projektmanagement haben bei der Beraterauswahl folgende Aspekte Priorität:

- Risiken minimieren, künftige Profitabilität planbar halten und lieber einen niedrigeren, dafür aber sicheren Gewinn realisieren.
- Steigerung der unternehmerischen Leistungsfähigkeit (CPI).
- Bei der Entwicklung und Umsetzung der Problembehebung ist auf eine hohe Planungs- und Umsetzungsgeschwindigkeit zu achten. Denn was lange dauert, ist zwangsläufig schwer steuerbar.
- Die Kosten! Kostensenkung per se ist kein Ziel. Kosten sind im Kontext zu den ersten drei Prioritäten des Unternehmens zu beurteilen.

Eine den Ansprüchen des Programms der Consulting Governance entsprechende Unternehmensberatung (Werthaltung und Vorgehen) wird immer den ersten drei Präferenzen (Leistung, Zeit, Risiko) den Vorzug geben. Dadurch hat der Auftraggeber die Gewähr, dass sich die Beratungsfirma den wirklichen Bedürfnissen beziehungsweise Problemstellungen widmen wird.

5.3 Stufe 3 «Projekt initialisieren»

Auf Stufe 3 «Projekt initialisieren» legt das Unternehmen weitere Grundlagen, auch emotionale, für den Projekterfolg. Neben der Bereitstellung der Infrastruktur und der Identifikation der Rahmenbedingungen werden nun die beteiligten Personen ins Boot geholt und die Mitarbeiter für das Projekt begeistert. Damit kann ein sichtbarer und emotional wirksamer Start geschaffen werden. Das Kick-off-Meeting ist der wichtigste Moment. Hier wird durch die Projektverantwortlichen der «zündende Funke» erzeugt. Deshalb sollten alle relevanten Personen daran teilnehmen.

5.3.1 Vorbereitende Schritte

Die Teams

Als Nächstes werden die Teams bestimmt: Der Eigner eines Projekts ist immer jener oberste Linienverantwortliche, zu dessen Verantwortungsbereich das zu lösende Problem gehört (Problem-Owner = Projekt-Owner). Er ist Mitglied des Lenkungsausschusses, welcher das Projekt möglichst breit abstützt. In diesen Lenkungsausschuss sind deshalb weiter vertreten

- die Verantwortlichen der Unternehmensbereiche, die von der Problembehebung betroffen sind,
- Mitarbeiter, die wesentliche Projektbeiträge leisten sollen,
- das Beratungsunternehmen mit einem seiner Partner.

Die Projektleiter selbst erhalten nur in beratender Funktion einen Einsitz im Lenkungsausschuss des Projekts. Sie haben also nur ein Anhörungs- aber kein Stimmrecht. Dadurch ist sichergestellt, dass die Ausführungsverantwortlichen nicht gleichzeitig die übergeordnete Kontroll- und Steuerungsfunktion wahrnehmen.

Im Weiteren werden der interne und der externe Projektleiter (sofern dies nicht bei der Beraterauswahl erfolgte) und die weiteren Projektmitarbeiter bestimmt. Die Projektleitung achtet darauf, dass die Rollen der Projektmitarbeiter tatsächlich auch ihren jeweiligen Kompetenzen entsprechen und dass sie während des gesamten Projekts mitarbeiten können.

Dokumentations- und Ablagesystem

Natürlich können Lenkungsausschuss, Projektleitung und Projektmitarbeiter ihre Aufgaben nur dann adäquat wahrnehmen, wenn ein zu Ende gedachtes und entwickeltes Dokumentations- und Ablagesystem besteht. Zunächst sind die für das Projekt anzuwendenden Standards festzulegen und das geeignete System auszuwählen. Die Struktur der Informationen wird vorgegeben. Dabei sollten folgende formale Kriterien erfüllt werden:

- einfache Zuordenbarkeit und Kategorisierung der Dokumente,
- Übersichtlichkeit,
- rationelle Handhabung sowohl in der Erfassung von neuen wie speziell auch bei Modifikationen von Projektdokumenten,
- Sicherstellung der Dokumenten-Historie (Versionenführung bei allen wichtigen Projektdokumenten inkl. der Möglichkeit des Roll-backs),
- Festlegung Aufwand für Implementierung,
- Festlegung Aufwand für den laufenden Unterhalt dieses Systems.

Wenn möglich sollten für das Projekt die im Unternehmen bereits etablierten Prozesse, Standards, Systeme und Strukturen übernommen werden. Sie können bei Bedarf modifiziert und spezifisch erweitert werden. Ein einheitliches und für alle am Projekt Beteiligten verbindliches Dokumentations- und Ablagesystem schafft Transparenz. Und diese hat in jeder Phase und Stufe des Projekts hohe Priorität.

5.3.2 Ziele

Auf Stufe 3 «Projekt initialisieren» wird vordringlich ein gemeinsames Problem- und Chancenverständnis geschaffen. Des Weiteren sind die Ressourcen optimal zu planen und die zugehörigen Informationstools bereitzustellen. Der Lenkungsausschuss prüft zum Schluss, ob die notwendigen Voraussetzungen gegeben sind, sodass die nächste Stufe «gezündet» werden kann.

5.3.3 Ergebnisse

Ebenfalls auf Stufe 3 «Projekt initialisieren» wird das Projektdossier erstellt, damit bei Abschluss die aus der Problem- und Chancenidentifikation abgeleitete übergeordnete Zielsetzung nachlesbar ist. Existieren mehrere Ziele, enthält das Projektdossier einen geordneten und gewichteten Zielkatalog. Im Weiteren sind darin die Projektinhalte (grob) beschrieben, in Zusammenhang mit der Strategie des Unternehmens gestellt und die daraus erwarteten Nutzen abgeleitet. Im Projektdossier werden die Rahmenbedingungen zu folgenden Punkten festgelegt:

- Umfang der geplanten Projektkosten,
- Meilensteine im Kontext zu den terminierten Zwischenergebnissen,
- geplanter Übergabetermin der beabsichtigten Lösung (Endtermin),
- Abgrenzung der Projektaktivität zum laufenden Tagesgeschäft,
- Beziehung zu weiteren laufenden und geplanten Projekten des Unternehmens.

Im Projektdossier werden ausserdem die Projektstufen und die damit in Verbindung stehenden Aufgaben umschrieben. Im Projektauftrag werden zudem definiert:

- die Projektorganisation,
- die Rollenzuteilung,
- die Grundsätze der Zusammenarbeit zwischen Projektorganisation, Linienorganisation und Berater,
- die wesentlichen Termine und Meilensteine,
- die Projektinfrastruktur,
- die Kommunikationsinstrumente,
- die Projektbudgets.

5.3.4 Herausforderungen an CPI

Wer nach dem Programm Consulting Governance vorgeht, hat auf Stufe 3 «Projekt initialisieren» die Kritischen Erfolgsfaktoren bereits formuliert und Massnahmen getroffen, um den Projekterfolg zu gewährleisten. Es besteht also ein klarer Bezug des Projekts zu den strategischen Unternehmenszielen. Das Unternehmen hat somit folgende Punkte sicherzustellen:

- Die Ziele des Projekts unterstützen die praktizierte und kommunizierte Strategie des Unternehmens. Bestehen auf Stufe 3 oder später dazu Unklarheiten oder Differenzen, wird die Positionierung des Projekts im Rahmen der übergeordneten Strategie überprüft. Bei Abweichungen ist die Notwendigkeit einer Strategie- und/oder Projektänderung für das Unternehmen nachzuweisen und transparent zu machen (Sicherstellung der Effektivität).
- Die Risiken des Projekts sind nach Abschluss der Stufe 3 bekannt und entsprechende Konsequenzen werden formuliert. Auf Stufe 3 ist nochmals sicherzustellen, dass das Projekt die laufende Unternehmenstätigkeit möglichst nicht behindern wird.
- Der während der Projektinitialisierung grob berechnete Business Case/Lösungsvorschlag muss zu einem positiven Resultat führen. Die angestrebte Veränderung (CPI) weist einen wirtschaftlichen Nettonutzen auf (erwarteter quantitativer Ertrag des Projekts minus des dafür erforderlichen Aufwands). Bestehen Risiken bezüglich Mehrkosten und Realisierungstermine, dürfen diese in keinem Fall die Wirtschaftlichkeit des Projekts massgeblich verändern (Gewährleistung der Effektivität).

- Aus CPI-Perspektive wird im Weiteren ein Vergleich des aktuellen Projekts mit allen anderen Projekten im Unternehmen angestellt. Weist das vorbereitete Projekt einen überdurchschnittlich hohen wirtschaftlichen Nutzen, hohe qualitative Chancen und abschätzbare Risiken auf, so kann es hoch priorisiert werden. Der Umsetzung steht somit nichts mehr im Wege.
- Mit Abschluss der Stufe 3 sind die Rahmenbedingungen des Projekts skizziert. Der Projektumfang, die übergeordneten rechtlichen Vorschriften und die branchenspezifischen Vorgaben (Compliance) sind festgelegt.

5.3.5 Herausforderungen an das Transition Management

Auf Stufe 3 «Projekt initialisieren» kümmert sich das Transition Management um die Minimierung möglicher Umsetzungsrisiken. Risiken liegen vor allem in Widerständen und Eigeninteressen einzelner Betroffener. Ein probates Vorgehen zu deren Eingrenzung ist, die Wahrnehmungsperspektive von Betroffenen zu nutzen. Im Zentrum steht die Fragestellung: «Welches Bild hat die Gruppe X von unserem Unternehmen?» Dabei spielen folgende Kriterien eine Rolle:

- die gegenwärtige Situation des Unternehmens (Ausgangslage),
- die voraussichtliche Situation während des Übergangs vom gegenwärtigen in den zukünftigen Zustand (Transition-Vision/Transition-Rahmen),
- die voraussichtliche Situation nach Erreichen des Zielzustandes (Ergebnis-Vision/Ergebnis-Rahmen).

Sind die Risiken erkannt, geht es darum, den von der Veränderung betroffenen Mitarbeitern möglichst rasch Sicherheit zu vermitteln und sie dabei zu unterstützen, dass sie den Sinn und Zweck des Projekts erkennen können. Dadurch lassen sich Ängste vor den Folgen der Veränderung abbauen. Das Gefühl der Sicherheit – aus Vertrauen – entsteht freilich nicht nur durch eine adäquate Information und Kommunikation, sondern auch durch eine glaubwürdige und starke Projektleitung beziehungsweise durch ein motiviertes und kompetentes Projektteam.

Kommunikation

Wie andernorts bereits angesprochen (vgl. Abschnitt 4.2 «Die Stufen des Vorgehens der Consulting Governance allgemein»), muss das Transition Management Einschränkungen (Barrieren) und Verstärker (Treiber) möglichst früh identifizieren, um die einen abzuschwächen und die anderen zu fördern. Das Top-Management des Unternehmens unterstützt das Projektteam dabei, indem es gerade mit betroffenen und gegebenenfalls kritischen

Mitarbeitern das Gespräch sucht. Es ist also Aufgabe des Transition Management, die wohlwollende Zustimmung des Top-Managements und weiterer Schlüsselpersonen regelmässig einzufordern. Dabei geht es vor allem darum,

- Linienverantwortliche für das Projekt zu gewinnen; sich abzeichnende Zielkonflikte zwischen Projektteam und Linie können so direkt angegangen und bestmöglich eliminiert werden;
- Opinion Leaders in das Projekt einzubeziehen und deren Rolle sowie Kommunikationskanäle für das Projekt zu nutzen.

5.3.6 Herausforderungen an das Projektmanagement

Das Projektmanagement legt auf Stufe 3 die Organisationsstruktur fest und besetzt den Lenkungsausschuss sowie die Projektleitung personell adäquat. Um sicher zu gehen, dass die Mitarbeiter die Anforderungen erfüllen, kann ein Assessment durchgeführt werden. Hier wird auch geprüft, ob alle Mitglieder des Projektteams über ausreichende Teamfähigkeiten verfügen. Sind diese Qualifikationen und Fähigkeiten nicht bei allen vorhanden, kann ein Berater ausgleichend, ergänzend oder als Coach Unterstützung leisten.

Um eine möglichst hohe Projektstabilität zu garantieren, sollten wenn möglich die Mitarbeiter im dafür erforderlichen Rahmen von anderen Tätigkeiten freigestellt werden. Dabei wird berücksichtigt, dass jedes Projekt gewisse Schwankungen in der Dynamik aufweist und somit eine vorausschauende Ressourcen-Reservation über die gesamte Projektdauer unerlässlich ist.

Kick-off

Am Kick-off lässt sich das gemeinsame Verständnis für das zu behebende Problem schaffen: Allen Beteiligten sind die Projektchancen und das daraus abgeleitete Ziel sowie die Nutzenpotenziale klar. Im Weiteren sind auf Stufe 3 die für den erfolgreichen Projektablauf nötigen Kritischen Erfolgsfaktoren zu erarbeiten.

Um Überschneidungen und Konflikte von vornherein zu vermeiden oder sie – wenn sie sich nicht verhindern lassen – möglichst zu reduzieren, klärt das Projektmanagement die Rollen aller Akteure. Besondere Aufmerksamkeit verdient das Verhältnis zwischen der Projekt- und der Linienorganisation.

Sodann werden das Führungssystem und die Infrastruktur des Projekts (Agenden, Kommunikationsplattformen, Planungs- und Rapportierungssysteme, Werkzeuge und Standards der Projektentwicklung und Dokumentation) festgelegt. Auch hier gilt: Bereits verankerte Methoden und Verfahren haben Vorrang vor Neuem. Zusammenfassend sind die zu beachtenden Punkte in ▶ Tabelle 5 aufgeführt.

Tabelle 5 Stufe 3 «Projekt initialisieren»

	Ergebnisse	Beiträge des Auftraggebers/ Unternehmens	Beiträge des Unternehmensberaters	Kritische Erfolgsfaktoren (KEF)	Wirkung
CPI	Projektziele detailliert und fixiert Positionierung des Projekts gegenüber der Unternehmensstrategie Positionierung des Projekts im Projektportfolio des Unternehmens	Festlegung der Ziele aus der Identifikation der Probleme und Chancen des Unternehmens Überprüfung der strategischen Auswirkungen des Vorhabens Einfluss des Projekts auf die CP mit allen anderen Projekten abstimmen	Unterstützung in der Formulierung (richtiger Abstraktionsgrad) Methodik auf Anforderungen abstimmen und im Unternehmen vorhandene Systeme/Verfahren einbringen	Grundsätzliche Realisierbarkeit des Projekts sicherstellen Bedeutung des Projekts für das Unternehmen richtig einschätzen Business Case transparent darstellen	Klare, erfüllbare Ergebniserwartung (was soll mit welchem Nutzen erzielt werden?) Priorisierung/Abgrenzung gegenüber anderen Projekten und dem Tagesgeschäft
TM	Ein grobes Bild der Ist-Situation, der zukünftigen Situation, des Übergangs vom Ist- zum Soll-Zustand ist hergestellt Schlagkräftiges Projektteam besteht Einbezug und Commitment des Top-Managements und der Meinungsmacher	Commitment des Top-Managements herstellen Geeignete Mitarbeiter identifizieren, freistellen, motivieren. Planung der Information und Kommunikation Start der Kommunikation	Methodik-Support, Methodik-Coaching Einbringen von Erfahrungen Einbringen einer unabhängigen externen Sichtweise	Support durch das gesamte Top-Management Betroffene und Meinungsmacher identifizieren und ins Boot holen Glaubwürdigkeit bewahren (z. B. genügend konkrete, einlösbare Sicherheiten gewähren)	Hohe Motivation des Projektteams Realistische Erwartungen der Betroffenen Geteiltes Verständnis über Ziele, erwartete Ergebnisse und individuelle Bedeutung im Projektteam
PM	Projektauftrag/Projektvertrag: - Rahmenplan Gesamtprojekt - Detailplan der folgenden Projektstufe - Kick-off-Meeting	Vorgaben erarbeiten: - Zielsetzung in grobe Realisierungseinheiten einteilen - Aktivitäten für Stufe 4 festlegen - Aufwand-, Kosten-, Termin- und Ressourcenplanung	Erfahrungswerte für Planannahmen einbringen Methodik-Unterstützung	«Vernünftige» Planannahmen inkl. Reserven treffen «Richtige» und verfügbare Ressourcen finden Entwicklungsfähige Strukturen etablieren (Organisation/Infrastruktur; Abstimmung mit Bestehendem)	Effizienz der Projektarbeit wird gewährleistet (Kontinuität, Aufgaben, Kompetenz und Verantwortung stimmen mit den Fähigkeiten der Projektteilnehmer überein) «Manageability» des Projekts ist entsprechend Projektstand sichergestellt

5.3.7 Worst-Case-Szenarien

Die nachstehenden Szenarien eines Fehlschlags auf Stufe 3 «Projekt initialisieren» basieren auf praktischen Erfahrungen:

- *Keine Rentabilität ohne klare Projektvorstellung:* Fehlt die Projektvorstellung, dann wird der zündende Funke nicht oder nur mit wenig Begeisterung überspringen. In der Folge werden die am Projekt Beteiligten ihr Ziel auch nicht erreichen. Die Projektvorstellung muss im Einklang mit der Unternehmensstrategie stehen und ist von den Führungsverantwortlichen des Unternehmens zu formulieren und zu kommunizieren.
  Wird die Vorstellung auf einer untergeordneten Hierarchiestufe entwickelt, so besteht die Gefahr, dass diese nicht strategiekonform ist.
- *Realitätsfremde Projekte:* Diese basieren meistens auf einem «Traum» der Projektinitianten. In vielen Unternehmen hat es ähnliche «Traumprojekte» schon gegeben. Fusionen, Unternehmensübernahmen oder andere Vorhaben sind daran gescheitert, dass die Ziele nicht umsetzbar waren, weil Rahmenbedingungen nicht berücksichtigt wurden oder der Aufwand und das Nutzenpotenzial zu optimistisch geplant wurden. Häufig werden derartige Projekte früher oder später auf Stufe 3 «Projekt initialisieren» zurückgeführt oder es kommt im schlimmsten Fall zum Abbruch. Dies führt immer zu einem Glaubwürdigkeitsverlust beim Management und zu einem Motivationseinbruch bei den beteiligten Mitarbeitern.
- *Auslassen der Stufe 3 «Projekt initialisieren»:* Ein Unternehmen, das die Stufe 3 auslässt, überlässt die Vision des Projekts und seine Rentabilität dem Zufall. Denn das Management verzichtet auf seinen Führungsanspruch. Dies trifft insbesondere auf so genannte «Me-too»-Projekte zu, deren Zweck es ist, es den Mitbewerbern gleich zu tun. Das Ergebnis wird genauso zufällig sein wie seine Vorgaben.

5.3.8 Nutzen aus der Vernetzung

Die im Rahmen von Consulting Governance forcierte Vernetzung der drei Disziplinen Corporate Performance Improvement, Transition Management und Projektmanagement führt inhärent zum Aufbau eines Risk Management. Ergänzt durch eine adäquate Projektkommunikation lassen sich Risiken bereits in den ersten Ansätzen erkennen und dadurch eingrenzen oder ausschliessen. Auf Stufe 3 «Projekt initialisieren» trägt die Vernetzung darüber hinaus dazu bei, dass das Projekt inhaltlich, zeitlich und organisatorisch richtig aufgesetzt wird.

5.4 Stufe 4 «Transparenz schaffen»

5.4.1 Vorbereitende Schritte

In der Vorbereitung der Stufe 4 «Transparenz schaffen» geht es zunächst darum, einen Überblick über die im Unternehmen bereits vorhandene interne und externe Dokumentation zu verschaffen. Folgende bereits vorhandene Dokumente zu Projektinhalt und -ziel werden analysiert:

- Strategieunterlagen des Unternehmens,
- Hinweise auf Best-Practice-Ansätze,
- Prozessabläufe und -beschreibungen,
- Schnittstellenbeschreibungen zu angrenzenden Aufgabenbereichen,
- externe Studien, Benchmarks etc.

Durch Interviews mit den Dokumentenerstellern beziehungsweise mit den Dokumentationsverantwortlichen lässt sich feststellen, ob die Dokumente vollständig, ausreichend detailliert und aktuell sind. Je nach Ergebnis dieser Prüfung (Document Review) wird anschliessend entschieden: «Welche Dokumente sind für unser Projekt relevant?» Zudem werden die Inhalte verifiziert und ein gemeinsames Verständnis bei allen Projektbeteiligten zum Inhalt hergestellt. Ist die Dokumentation unvollständig, lückenhaft oder nicht mehr aktuell, müssen die Fakten neu erhoben und dokumentiert werden.

Sodann werden die bestehenden Dokumente zum Bestandteil der laufenden Projektdokumentation gemacht. Dazu werden die Titel, die Inhaltsverantwortlichkeit, die Versionenführung an das aktuelle Projekt angepasst.

Die einheitliche Namensgebung und die Kategorisierung der Projektdokumentation sind äusserst wichtig. Denn der Document Review auf Stufe 4 «Transparenz schaffen» stellt sicher, dass alle Beteiligten sich jederzeit orientieren können. Voraussetzung dafür ist freilich, dass diese die Dokumente auch lesen.

5.4.2 Ziele

Transparenz schaffen heisst auch, dass alle am Projekt Beteiligten ein gemeinsames Verständnis der Ausgangslage haben. Dazu gehören

- die Zielsetzung des Projekts (detailliert und verifiziert),
- massgebliche Rahmenbedingungen des zu behebenden Problems und des Projekts,
- die Ausformulierung des Ist-Zustandes,
- die Beurteilung der damit verbundenen Risiken,

- Messkriterien zur weit gehend objektiven Beurteilung des Ist-Zustandes und des angepeilten Soll-Zustandes.

Die wirtschaftliche Rechtfertigung eines Projekts erfolgt durch die Aufstellung einer Kosten-Nutzenrechnung. Es sollte daher ein Nutzenüberschuss resultieren. Ist dies nicht der Fall, ist zu prüfen, ob das Projekt eingestellt und die Stufen 1 bis 4 erneut durchlaufen werden sollten.

Die auf Stufe 4 erarbeiteten Unterlagen liefern die Basis für die Freigabeentscheidung der Stufe 5 «Lösungsdesign erarbeiten».

5.4.3 Ergebnisse

Die Stufe 4 «Transparenz schaffen» mutet in ihrer Ausprägung relativ komplex an. Es kann indes nicht im Interesse des Projekts liegen, diese Komplexität einfach zu reduzieren, die anstehenden Aufgaben zu vereinfachen oder einzelne Herausforderungen gar zu überspringen. Hier ist Vollständigkeit gefordert, bilden die Ergebnisse der Stufe 4 – also die Transparenz an sich – doch die eigentliche Projektgrundlage.

Ergebnis 1: Die transparent gemachten Ergebnisse der Stufe 4 beschreiben den Ist-Zustand des Problems, also die Ausgangslage.

Ergebnis 2: Die Analyse beschreibt die Messkriterien und die Messgrössen zur Beurteilung der bisherigen Effektivität und Effizienz.

Ergebnis 3: Im Modell eines verfeinerten Business Case (des bewerteten Projektvorhabens), wird der Ist-Zustand beurteilt und quantifiziert.

Ergebnis 4: Jetzt können Ist-Zustand und Hinweise für den Soll-Zustand einander gegenüber gestellt werden. Auch erste Ansätze zu Handlungsalternativen und Konzeptvarianten für die Problembehebung sind aufzunehmen. Diese können bei Bedarf definiert, bewertet und dem Leitungsausschuss zur Entscheidung vorgelegt werden.

Ergebnis 5: Die Vorgaben aus der Stufe 3 «Projekt initialisieren» wurden nochmals überprüft und bestätigt, respektive korrigiert.

Ergebnis 6: Identifikation der Probleme und Chancen. Jetzt kann die übergeordnete Zielsetzung zu einem Zielkatalog (Prioritäten) weiter entwickelt werden.

Ergebnis 7: Die Risikobeurteilung (Risk Assessment) wird verfeinert. Dem Ergebnis entsprechend muss die Planung um korrigierende Massnahmen ergänzt werden.

Ergebnis 8: Die in den vorgängig beschriebenen Stufen festgelegten Rahmenbedingungen (Kosten, Termine, Tabus u. a.), werden nochmals überprüft und falls erforderlich korrigiert.

Ergebnis 9: Mit dem Abschluss der Stufe 4 lassen sich nun auch Hinweise auf mögliche Quick Wins, also auf rasch erzielbare Ergebnisse, ermitteln. Diese sollten quantifiziert werden und können – so sie anderswo keine einschränkende Wirkung entfalten – in die Praxis umgesetzt werden.

Ergebnis 10: Die nun auf Basis von Ergebnis 4 – Ansätze für Handlungsalternativen – zu erstellenden Detailpläne sind die Grundlage der Stufe 5 «Lösungsdesign erarbeiten». Die Detailpläne halten auch die benötigten personellen und systemischen Ressourcen fest.

Ergebnis 11: Mit Abschluss der Stufe 4 «Transparenz schaffen» wird auch die Gesamtplanung weiter detailliert. Diese enthält nun auch die Ergebnisse der Risikoanalyse und die daraus abgeleiteten Massnahmen (insbesondere Kommunikation).

5.4.4 Herausforderungen an CPI

Ein Unternehmen, das sich am Programm Consulting Governance orientiert, geht auf Stufe 4 «Transparenz schaffen» folgende Herausforderungen an:

- Vollständige Erfassung der Fakten: Die für die Problembehebung erforderlichen Fakten müssen nun vollständig erfasst und dokumentiert werden. Es geht hier keinesfalls um Faktenaufbereitung bis ins letzte Detail. Im Gegenteil: In der Praxis zeigt sich immer wieder, dass die am Projekt Beteiligten einen besseren Überblick gewinnen, wenn weniger Details vorliegen.
- Alle wertrelevanten Faktoren des Problems und der Behebung sollten zu diesem Zeitpunkt bekannt sein. Deren Einflüsse werden in einem Modell erfasst. Dies gilt auch für die an dieser Stelle vorliegende Risikobeurteilung und -bewertung. Sie unterschlägt und beschönigt nichts. Das Erfolgspotenzial des Projekts kann gegenüber allen Einflussgruppen glaubhaft vertreten werden und wird von entsprechenden Benchmarks unterstützt.
- Bestehen immer noch irgendwelche Unsicherheiten zu den Fakten, der Detailplanung etc., so ist der Projektgesamtverantwortliche gefordert. Erfahrungsgemäss braucht es einigen Mut, kurz vor Startschuss die Kollegen und Vorgesetzten mit Zweifeln zur Faktenlage zu konfrontieren, weil dadurch die Motivation und Aufbruchstimmung gefährdet werden könnte. Und dennoch: Bestehen diese Zweifel, werden vertiefende Analysen ein-

gefordert. Falls sich dabei herausstellen sollte, dass sich die Erwartungen nicht erfüllen lassen oder nicht vertretbare Risiken bestehen, sollte das Projekt abgebrochen werden. Natürlich werden dadurch bereits geweckte Erwartungen enttäuscht, doch geschieht dies lieber zu früh als zu spät. Auch der Berater hat in diesem Fall seinem Kunden zu einem Projektabbruch oder zumindest zu einem Projektunterbruch zu raten.

5.4.5 Herausforderungen an das Transition Management

Das Transition Management ist auf Stufe 4 «Transparenz schaffen» aufgefordert, im Unternehmen all jene Mechanismen, Stimmungen etc. zu eruieren, welche die Problemlösung unterstützen könnten. Es darf sich bei seiner Analyse also nicht auf irgendwelche vermeintlich eindeutigen Aussagen konzentrieren oder blind der von der Geschäftsleitung vorgegebenen Lösungsidee folgen. Es braucht auf dieser Stufe vielmehr ein Gespür für die Zwischentöne, für die Stimmung und Meinung der eher schweigenden Mehrheit der Belegschaft.

Vertiefte Branchenkenntnisse oder sonstige Kenntnisse über interne Vorgänge oder Entwicklungen können auf dieser Stufe übrigens hinderlich sein. Ein Neutralität und Unabhängigkeit signalisierender Berater hingegen tut sich manchmal leichter, wichtige Stimmungen etc. aufzugreifen und für das Unternehmen nutzbar zu machen. Ebenso kann ergänzend die Adlerperspektive zur Froschsicht viel einfacher eingenommen werden.

Gerade auf Stufe 4 «Transparenz schaffen» sind die Erwartungen an das Transition Management besonders hoch. Erfahrungsgemäss verleiten hohe Anforderungen viele Mitarbeiter dazu, den Weg des geringsten Widerstands zu gehen und Vorschläge etc. unkritisch abzunicken. Das Transition Management soll hier klar entgegen steuern und Prioritäten setzen. Diese können dann systematisch abgearbeitet werden. Der Druck ist zudem hoch zu halten, da es andernfalls zu Qualitätseinbussen kommt.

Generell ist das Transition Management mit der Herausforderung konfrontiert, dass jede Art von Veränderung bei Mitarbeitern Ängste und damit versteckte oder offene Widerstände gegen das Projektvorhaben auslösen kann. Ein professionelles und systematisches Vorgehen wird die Betroffenen von der Notwendigkeit der Änderung überzeugen und ihnen eine persönliche Perspektive anbieten können. Interviews eignen sich sehr gut für die individuelle Überzeugungsarbeit. Dieser Dialog von Angesicht zu Angesicht ist aber nur dann erfolgreich, wenn die Ergebnisse des Projekts in gewisser Kohärenz zu den Ergebnissen der Interviews stehen.

5.4.6 Herausforderungen an das Projektmanagement

Auf Stufe 4 «Transparenz schaffen» erfasst das Projektmanagement sämtliche relevanten Informationen. Diese Informationsbeschaffung erfolgt in zwei Schritten. Dadurch lässt sich verhindern, dass es später wegen plötzlich notwendig gewordener Differenzbereinigungen zu Projektverzögerungen kommt:

Schritt 1: Informationsbeschaffung an der Quelle, also bei den vom Problem betroffenen und damit vertrauten Sachbearbeitern etc. Die Reihenfolge der gut vorbereiteten Interviews sollte der Prozess-Reihenfolge und der Struktur der Linienorganisation entsprechen.

Schritt 2: Die Ergebnisse dieser Interviews sind nun Grundlage für weitere Gespräche zur Vertiefung der Perspektiven. Nach und nach kommen alle Fakten und Argumente auf den Tisch und können von jedem der Betroffenen individuell gewichtet werden.

Bei der Vorbereitung und Durchführung der Erst-Interviews sind folgende drei Punkte wichtig:

- Die Fragebögen sollten nicht zu detailliert sein. Der Interviewer darf das Gespräch weder beherrschen, noch die Antworten vorwegnehmen oder irgendetwas suggerieren.
- Unerwartete, und damit wichtige Fakten kommen im Interview dann zur Sprache, wenn genügend Zeit für das Gespräch eingeplant wird.
- Insbesondere bei ICT-Projekten kommt es immer wieder vor, dass in den Erst-Interviews bereits das angestrebte Systemdesign diskutiert wird. Das ist natürlich fatal, weil der Interviewte wahrnimmt: «Ist doch egal, was ich sage. Die wissen doch schon, was sie wollen und wo es lang geht.» Anmerkung: Diese Art von Aussage kann natürlich in allen Arten von Projekten kommen.

Vorsicht ist auch geboten, wenn früher erstellte Problemanalysen vorliegen und beigezogen werden. Das ist natürlich verlockend, weil man sich vermeintlich Arbeit spart. Gerade dies kann aber nicht das alleinige Ziel sein. Vielmehr ist in einem solchen Fall zu prüfen, welche Parameter sich seit der Erstellung der Problemanalysen verändert haben. Die zu behandelnden Themen sind in ▶ Tabelle 6 zusammengefasst.

▼ Tabelle 6 Stufe 4 «Transparenz schaffen»

	Ergebnisse	Beiträge des Auftraggebers/ Unternehmens	Beiträge des Unternehmensberaters	Kritische Erfolgsfaktoren (KEF)	Wirkung
CPI	Einflussfaktoren auf Effektivität (Value Drivers) sind bestimmt und von ihrem Einfluss her gewichtet Allgemeine Risiken sind identifiziert und bewertet (KEF des Projekts) Chancen für die Durchführung von «Quick Wins» sind erkannt Die auf Stufe 5 gemachten Annahmen sind überprüft, beim Vorliegen von Abweichungen sind diese beseitigt	Interviews initialisieren Interviews durchführen Analyse der Prozesse inkl. deren Dokumentation Risiko-Assessment	Methodische Unterstützung	«Moving-out-of-the-Box»: Herstellung eines breiten Blickwinkels für die Analyse Bereitstellung von gesicherten und vollständigen Informationen durch: ■ Klima der Offenheit ■ Priorisierung	Objektive Grundlagen sind bereitgestellt für die Beurteilung des Ist-Zustands und der Messkriterien für den Soll-Zustand Die wirtschaftliche Rentabilität des Projekts ist bestätigt Herstellung einer gesicherten Ausgangsbasis (Zielsetzung, Rahmenbedingungen, Risiken)
TM	Die initiale Version des Kommunikationsplans besteht Ausbildung TM-Methodik ist abgeschlossen Schlüsselpersonen sind in die Projektorganisation eingebunden	Erfolgsfaktoren für und Widerstände gegen das Projekt definieren: Promotoren und Verhinderer ermitteln Massnahmen planen und einleiten Projektorganisation überprüfen und gegebenenfalls anpassen	Coaching Ausbildung	Volles, glaubhaftes Engagement des Management Bedarf der Elimination von Schwachstellen/ der Nutzung von Chancen ist klar kommuniziert und verstanden	Hohe Motivation des Projektteams und der betroffenen Unternehmensbereiche und deren Mitarbeiter Alle kreativen Ressourcen für die Konzeptarbeit sind verfügbar: bestmögliche Gewähr für die Effektivität des Vorhabens
PM	Eine dokumentierte Ausgangslage ist vorhanden Eine überarbeitete Version des Gesamtplans ist vorhanden, Detailplan liegt als Konzept vor	Dokumentationssystem etablieren Verifizierung, Detaillierung Aktivitäten festlegen, Aufwand-, Kosten-, Termin- und Ressourcenplanung	Methodik-Unterstützung Erfahrungswerte für die Überprüfung der Planannahmen einbringen	Die erforderlichen Fakten sind zugänglich Abstimmung mit der vorhandenen Dokumentation Planannahmen unter Berücksichtigung sämtlicher bekannter Risiken	«Manageability» des Projekts entsprechend des Projektstands Effizienz in der Projektarbeit dank klarer Vorgaben

5.4.7 Worst-Case-Szenarien

Häufig scheitert das Transition Management auf Stufe 4 an einer oder mehreren der nachfolgend aufgeführten Fehlentwicklungen:

- *Das Projektteam «ertrinkt» in unstrukturierten Informationen:* Kämpft ein Projektteam gegen eine Informationsflut an, dann verfügt es meist nicht über eine klare Informationsbeschaffungsstruktur. Die mögliche Folge: Das Projektteam sieht die Symptome eines Problems, nicht aber die eigentlichen Ursachen. Wirklich relevante Einflussfaktoren werden schliesslich verkannt oder falsch gewichtet. Ist dies der Fall, dann ist die gesamte Konzeptentwicklung fehlgeleitet. Derartige Projekte enden in der Praxis – zum geringsten Schaden des Kunden – mit einem vorzeitigen Abbruch.
  Ein Berater, der nach den Regeln der Consulting Governance vorgeht, greift in einem solchen Fall ein und macht seine Auftraggeber und den Lenkungsausschuss auf die Gefahren aufmerksam. Je früher er dies tut, umso besser. Oft kann bei frühzeitigem Eingreifen das Projekt neu gestartet und so gerettet werden.
- *«Politisch» motivierte Projektziele und -ergebnisse:* Soll mit einem Projekt ein CEO-konformes Ergebnis erzielt werden, dann kann man sich die Analyse auf Stufe 4 «Transparenz schaffen» gleich sparen. Das Ergebnis steht ja schon fest. Gleiches trifft zu, wenn es bei einer Problembehebung, zum Beispiel für die Leitung des zuständigen Bereichs, Tabus gibt. Da Transparenz auf der Basis von Tabus nicht geschaffen werden kann, ist es besser, das Projekt vorzeitig zu beenden. Das spart dem Unternehmen Geld, Zeit und Kraft.
  Auch in diesem Fall sieht Consulting Governance durch seine Werthaltung vor, dass der Berater unaufgefordert tätig wird.
- *Überspringen der Stufe 4 «Transparenz schaffen»:* Es gibt Unternehmen und Berater, die meinen, die Stufe 4 wäre überflüssig und überspringen sie deshalb. Das heisst aber: Sie wollen eine Idee verwirklichen, ohne die im Unternehmen vorhandenen Strukturen, Mechanismen, Ursachen etc. zu kennen. Auch wenn das Problem und seine Ursachen vollständig bekannt sind: Auf Stufe 4 darf nicht verzichtet werden, weil schon alleine die Minimierung der Projektrisiken die Realisierung von «Transparenz schaffen» lohnt.

5.4.8 Nutzen aus der Vernetzung

Consulting Governance ermöglicht es Unternehmen wie Beratern, ein Problem, dessen Ursachen und den Weg zur Problembehebung objektiv herzuleiten. Die sich aus dem Projekt ergebenden Chancen und die möglichen Risiken sind erkennbar und beurteilbar. Liegen aufgrund dieser Systematik nun mehrere Handlungsoptionen vor, dann muss die Selektion des weiteren Vorgehens anhand von Kriterien geschehen, wie in Abschnitt 4.2 «Die Stufen des Vorgehens der Consulting Governance allgemein» dargestellt. Diese sind so zu definieren, dass sie für alle Anspruchsgruppen nachvollziehbar sind.

5.5 Stufe 5 «Lösungsdesign erarbeiten»

5.5.1 Vorbereitende Schritte

In den Vorstufen eines Projekts gibt es in der Regel keine oder nur partielle, teaminterne Widerstände. Die Belegschaft ist noch nicht oder nur zu einem gewissen Teil über das Vorhaben informiert. Im Rahmen des Programms Consulting Governance wird nun der «emotionale Nährboden» des Projekterfolgs bereitet. Auf ihm soll die Veränderungsbereitschaft sukzessive gedeihen. Folgende Aspekte werden besonders berücksichtigt – sie sind gleichzeitig wichtige Regeln der Consulting Governance:

- Auftraggeber und Berater arbeiten als Partner zusammen und lassen den Willen zur Partnerschaft von Anfang an erkennen. Zweifeln am Projekt Beteiligte oder davon Betroffene an dieser Partnerschaft, wird der Rückhalt für das Projekt gering sein.
- Projektleiter und Berater sollten durch Authentizität, also Echtheit auffallen. Das heisst: keine Show, keine Allüren, keine Machtspielchen oder irgendwelches Balzverhalten. Diese impliziert, dass die am Projekt Beteiligten Fehler machen dürfen, ohne das Gesicht zu verlieren.
- Projektleiter, Berater, involvierte Manager leben die neuen Ansätze vor. Wer Veränderung fordert, muss selbst glaubwürdig bereit sein, bei sich zuerst anzufangen.
- Fairness, Transparenz sowie Klar- und Wahrheit in Information und Kommunikation auf der einen Seite führt zu Engagement, Glaubwürdigkeit, Vertrauen und Verlässlichkeit auf der anderen Seite.

Soweit diese Vorarbeiten. Nun beginnt die erste Informationsoffensive:

- Bildung bzw. Füllen des «Informations-Pools» und Zugriff durch Beteiligte sicherstellen.
- Laufende benutzergerechte Aufbereitung aller relevanten Projektinformationen (aus allen bisherigen Stufen und aus anderen, wesensverwandten Projekten).
- Verfügbarhaltung dieser Informationen für sämtliche Anspruchsgruppen im Unternehmen.
- Dialog mit Kritikern und Befürwortern sicherstellen. Diese werden zu Spezialisten «ernannt» und können im Rahmen der Regeln von Consulting Governance ihr Wissen ins Projekt mit einbringen.
Achtung: Der Projektleiter muss frühzeitig festlegen, wie detailliert die Spezialisten ihr Wissen einbringen. Das ist eine gewisse Gratwanderung: Ufert das Ganze aus, wird die Arbeit durch endlose Diskussionen, die schliesslich in Frustrationen ersticken, blockiert. Werden hingegen Äusserungen unterdrückt, entstehen Missverständnisse oder gar Misstrauen.

Insbesondere externe Berater können auf dieser Stufe aufgrund ihrer Erfahrungen wertvolle Impulse liefern. Dies gilt sowohl im Sinne von «Stärken verstärken» als auch im Sinne von «Fehler vermeiden».

5.5.2 Ziele Das Programm Consulting Governance stellt auf Stufe 5 «Lösungsdesign erarbeiten» mit seiner Systematik sicher, dass das beste und effektvollste Lösungsdesign zum Zuge kommt und die Umsetzungsphase optimal vorbereitet wird. Die Stufe 5 besteht aus zwei Teilstufen:

- Ausarbeiten von verschiedenen Lösungsvorschlägen, danach Auswahl bzw. Entscheidung durch den Lenkungsausschuss;
- Erarbeiten des Umsetzungskonzepts für die ausgewählte Variante inkl. allen Vorbereitungen für die nachfolgende Umsetzungsphase (Detailkonzepte, Dokumente, Festschreibungen sowie Hilfsmittel wie Masterplan, Ressourcenplan, Terminpläne, Massnahmensteuerung etc.).

Selbstverständlich werden die direkten beziehungsweise indirekten Projektergebnisse im Lösungsdesign durch entsprechende Massnahmen und Mittel hinterlegt. Die Erfolgsfaktoren Qualität, Zeit und Kosten müssen dabei zwingend berücksichtigt werden.

Das Umsetzungskonzept der Consulting Governance enthält mindestens folgende Punkte:

- Nutzenargumentation,
- projektspezifische Erfolgskriterien,
- Machbarkeit und Umsetzungsrisiken,
- Barrieren und Treiber des Projekts,
- Master-, Ressourcen- und Terminpläne.

Damit so früh wie möglich eine hohe Projektakzeptanz entsteht, werden rasch Quick Wins formuliert und realisiert.

Der Nutzen und der nachhaltig wirksame Erfolg sind die obersten Ziele eines jeden Projekts. Gerade die Nachhaltigkeit lässt sich aber nur erreichen, wenn es gelingt, alle Anspruchsgruppen (sie sind die Stakeholder des Projekts) während und nach Abschluss des Projekts in die Entwicklungen einzubinden. Dafür wiederum braucht es Informationen und Kommunikation. Insbesondere die Fähigkeit zu Letzterem wird nicht jedem Führungsverantwortlichen in die Wiege gelegt. Für den Umsetzungserfolg umso wichtiger ist es, dass sich die Projektverantwortlichen diesbezüglich qualifizieren – oder aber jenen das Reden überlassen, die auch wirklich zu überzeugen vermögen.

5.5.3 Ergebnisse

Nach Abschluss der Stufe 5 «Lösungsdesign erarbeiten» liegen folgende Ergebnisse vor:

Ergebnis 1: Ein klar verständliches Lösungskonzept mit entsprechend detaillierten Inhalten.

Ergebnis 2: Detailkonzepte, Dokumente, Festschreibungen sowie Hilfsmittel wie Masterplan, Ressourcenplan, Terminpläne, Massnahmensteuerung etc.

Ergebnis 3: Dokumentation zu «Welche Optionen wurden geprüft und was waren die Gründe, jene Lösungsvariante zu wählen und die anderen zu verwerfen?». Diese Dokumentation muss als Soll-/Ist-Abgleich und für Umsetzungsoptimierungen laufend weitergeführt werden.

Ergebnis 4: Detaillierte Business Cases (belegt und dokumentiert).

Ergebnis 5: Kommunikationsunterlagen (zielgruppen- und phasengerecht), inkl. «Projektbotschaften», Umsetzungsmedien.

Ergebnis 6: Plan für Projektreporting inkl. Verknüpfung mit dem Führungssystem des Unternehmens.

5.5.4 Kritische Erfolgsfaktoren und abgeleitete Massnahmen

Auf Stufe 5 «Lösungsdesign erarbeiten» sind folgende Faktoren von besonderer Bedeutung:

- Realitätsbezug und Realisierbarkeit des ausgearbeiteten Lösungskonzepts:
  - funktionale Richtigkeit des Lösungskonzepts,
  - Umsetzbarkeit, das heisst Implementierung (inhaltlich, auch innerhalb der definierten Termine),
  - operationelle Umsetzbarkeit für das Unternehmen (parallel zu Tagesgeschäft);

- Richtigkeit der getroffenen Annahmen bzw. Auswirkungen und Resultate auf das Tagesgeschäft bzw. den «Betrieb»;

- Verfügbarkeit aller relevanten Informationen und entsprechende Berücksichtigung;

- Einbezug aller «wichtigen» Mitarbeiter;

- Ausformulieren von möglichst effektvollen Quick Wins und Kommunikation derselben.

5.5.5 Herausforderungen an CPI

Auf Stufe 5 «Lösungsdesign erarbeiten» werden die Überlegungen zu CPI aus den vorgelagerten Stufen konkretisiert und umsetzbar aufbereitet. Die Konzeptinhalte werden nochmals daraufhin überprüft, ob das übergeordnete Ziel des Projekts eine Verbesserung der Unternehmensleistung bringt. Im Rahmen dieser Überprüfung werden alle nicht relevanten Punkte eliminiert und die sich bietenden Chancen forciert. Sind der Chancen zu viele, werden sie an entsprechender Stelle im Unternehmen verwaltet, zum Beispiel in einem Ideenspeicher. Sie können dann gegebenenfalls in die Jahresplanung aufgenommen oder als neue Initiativen gestartet werden.

Neben diesen inhaltlichen Fragestellungen zu CPI werden nun auch die Auswirkungen, das heisst die Wirksamkeit der zu treffenden Massnahmen, entsprechend berücksichtigt und die daraus abgeleiteten Ziele formuliert.

Der dabei zu erbringende Nutzennachweis ist nie nur die Aufgabe der Finanzabteilung. Er ist vielmehr ständiges Thema der Projektarbeiten und muss von allen Projektverantwortlichen unterstützt werden.

Die Umsetzung des Projektführungssystems und die Performance-Messung sollte möglichst in Einklang und/oder Abstimmung mit dem bereits im Unternehmen etablierten Führungssystem stehen. Dann lassen sich auch die Ergebnisse relativ einfach ins Unternehmen integrieren.

Jedes Projekt steht im Spannungsfeld zum Tagesgeschäft und stellt die Führungsverantwortlichen vor grosse Herausforderungen. Werden im Sinne von «Management by Objectives» (MbO) die Projektziele mit jenen der Linie zu Jahreszielen kombiniert, sind folgende Überlegungen zu berücksichtigen:

- Können die Auswirkungen des Projekts nachweisbar bis auf die Ebene des einzelnen Mitarbeiters herunter gebrochen werden (ohne dass dabei endlose Diskussionen entstehen)?
- Kann die Dynamik, die dadurch entsteht, sicher eingeschätzt werden?
- Wie können gegen Projektabschluss die Ziele aus den Projekten in die Planung operativer Jahresziele überführt werden? Wie können zum Beispiel die einzelnen Ziele zwischen den Abteilungen/Bereichen voneinander abgegrenzt werden?
- Wie können abteilungsbezogene Ziele in Prozess- und somit in übergreifende Ziele überführt werden?

5.5.6 Herausforderungen an das Transition Management

In der Konzeptphase kommt dem Einbezug der Beteiligten und der (noch) zu gewinnenden Mitarbeiter eine ganz besondere Bedeutung zu. Vor allem kritische Stimmen sollten in die Projektarbeiten involviert werden. Dadurch lassen sich den kritischen Mitarbeitern die Projektinhalte besser vermitteln und negative Strömungen kontrolliert abbauen.

Zur Absicherung der Umsetzungsphase werden die identifizierten Barrieren und bezeichneten Treiber weiter auf ihre Wirkungen analysiert. Dies steigert den Wirkungsgrad und die Effizienz der verschiedenen Aufgaben, da sich häufig Barrieren abbauen lassen, indem unterschiedliche Vorgehensszenarien frühzeitig diskutiert werden. Ziel ist es somit, im Team die erfolgskritischen Umsetzungsfaktoren zu definieren und die beste Variante mit den zu realisierenden Massnahmen festzulegen.

Damit lassen sich aber nicht alle Widerstände und schon gar nicht alle Unsicherheiten ausräumen. Es braucht regelmässig zielgruppengerechte und plausible Informationen und den Dialog mit den Direktbetroffenen. Dieser hat einfach und ehrlich zu erfolgen und beispielsweise Antworten auf folgende Fragen zu geben: «Was bedeutet die Entscheidung X für den Einzelnen?» oder «Was wird sich wann wie ändern?».

Darüber hinaus prüft das Transition Management, ob das Projektziel und die dazu erforderlichen Massnahmen im Kontext zur Unternehmenskultur stehen.

5.5.7 Herausforderungen an das Projektmanagement

In fast jedem Unternehmen werden gleichzeitig mehrere interne Projekte realisiert. Um Friktionen zu vermeiden und die Projekteffizienz sicherstellen zu können, sind sie möglichst gut voneinander abzugrenzen. In diesem Rahmen sind aber auch die gegenseitigen Abhängigkeiten zu definieren. Dadurch lässt sich verhindern, dass einzelne Projektinhalte bis ins Unermessliche zunehmen und andere vernachlässigt werden.

Weitere wichtige Aufgaben sind:

- Das Projekt ist als integraler Bestandteil des Unternehmens zu definieren.
- Die Umsetzung ist zu planen (inkl. Plausibilitäts-Check der Lösung).
- Teilschritte und Module sind detailliert auszuformulieren.
- Sicherstellen, dass künftige Entscheidungen jeweils in Abhängigkeit zum Projektverlauf getroffen werden.
- Die Verfügbarkeit der Ressourcen planen bzw. überprüfen. Die Planer haben dabei nicht nur die Projekt-, sondern auch die Unternehmensperspektive zu beachten, also alle Projekte und die Entwicklung des Tagesgeschäfts (Grossprojekte, saisonale Schwankungen der Auslastung etc.) zu berücksichtigen.
- Im Rahmen der Ressourcenplanung ist zudem zu klären, ob ein Ausbildungsbedarf besteht und wie gegebenenfalls die Anforderungsprofile neu zu rekrutierender Mitarbeiter aussehen sollen.
- Zudem hat sich die Unternehmensleitung darum zu kümmern, dass ihr Projektleiter nicht während oder nach Abschluss des Projekts plötzlich das Unternehmen verlässt. Die Gefahr ist in der Tat vorhanden. Denn gute Projektleiter sind begehrt. Oft führt ein Projekterfolg zu einem Aufstieg in die nächste Hierarchiestufe innerhalb oder ausserhalb des Unternehmens. An einem Weggang des Projektleiters kann das Unternehmen aber kein Interesse haben. Dem Verlust des Projektleiters bzw. dessen Projektwissens ist deshalb bereits auf dieser Stufe entgegenzuwirken. Dies kann zum Beispiel über eine entsprechende Stellvertretungsregelung im Projekt geschehen, über Zusätze im Anstellungsvertrag und über erfolgsabhängige Bonuszahlungen.

▶ Tabelle 7 fasst die wichtigsten Aufgaben zusammen.

▼ Tabelle 7 Stufe 5 «Lösungsdesign erarbeiten»

	Ergebnisse	Beitrag des Auftraggeber/ Unternehmens	Beitrag des Unternehmens- beraters	Kritische Erfolgsfaktoren (KEF)	Wirkung
CPI	Bewertete Handlungsoptionen bestehen (inkl. Business Case als Grundlage für die Entscheidung des Lösungsdesigns) Detaillierter Business Case für die Umsetzungsvariante besteht Performance-Messung basierend auf Unternehmens-Führungssystem besteht Grundlage für MbO	Einbringen Erfahrungen aus ähnlichen Projekten Fachliches Know-how und Erfahrungswissen aus Unternehmenssicht Verfügbarmachen sämtlicher relevanter Informationen Mitarbeit beim Erarbeiten von Handlungsoptionen, Business Cases, Performance-Messung etc.	Lessons Learned aus ähnlichen Projekten Fachliche Inputs aus ähnlichen Projekten anderer Unternehmen Lead-Funktion beim Erarbeiten von Handlungsoptionen, Business Cases, Performance-Messung etc.	Inhaltliche Umsetzbarkeit Richtigkeit der Annahmen Wichtige Informationen sind erkannt Schlüsselpersonen sind involviert Nachvollziehbare Rechenmodelle	Realistische Beurteilung der Handlungsoptionen Identifizieren der richtigen Key Performance Indicators (KPI) Veränderungen in CP nachweisbar = Grundlage für Interpretation Business Case: Komplexitätsreduktion – was einfach kommunizierbar ist, wird auch verstanden Mit klaren Zielvorgaben eine proaktive Steuerung ermöglichen
TM	Vorgeschlagene Lösungen wurden im Hinblick auf ihre Umsetzung durch die TM-Seite bewertet (Chancen und Risiken) Grundlagen der Projektkommunikation Barrieren und Treiber identifiziert und Massnahmen formuliert = Transition Plan Masterplan wurde optimiert	Einbezug der relevanten Mitarbeiter sicherstellen.	Lessons Learned zum Thema TM aus ähnlichen Projekten einbringen	Berücksichtigung und Einbezug der relevanten Anspruchsgruppen in die Lösungsfindung Quick Wins im Masterplan berücksichtigen	Möglichst breite Zustimmung bei den Anspruchsgruppen erreichen Quick Wins im Masterplan maximieren die Motivation der Beteiligten

▼ Tabelle 7   Stufe 5 «Lösungsdesign erarbeiten» (Forts.)

	Ergebnisse	Beitrag des Auftraggeber/ Unternehmens	Beitrag des Unternehmensberaters	Kritische Erfolgsfaktoren (KEF)	Wirkung
PM	Projektabgrenzung ist definiert Ressourcen sind sichergestellt Umsetzungskonzept inkl. Masterplan etc. besteht Ausbildungsbedarf ist geklärt und Massnahmen sind definiert Abhängigkeiten sind geklärt bzw. berücksichtigt		Lessons Learned zum Thema PM aus ähnlichen Projekten einbringen Dem Projektauftrag bzw. -vorgehen entsprechende Methodik liefern	Umsetzbarkeit Realistische Zielvorgaben pro Meilenstein	Grundlagen für bestmögliche Effizienz in Umsetzungsphase Verankerung im Unternehmen durch Einbezug der Mitarbeiter Grundlagen für die Bereitstellung der richtigen HR-Ressourcen (Befähigung/Rekrutierung) Einfache Überprüfung des Projektfortschrittes

5.5.8 Worst-Case-Szenarien

Die nachfolgenden Szenarien wurden bewusst überzeichnet. In der Praxis treten sie oft in abgeschwächter Form und gelegentlich parallel auf:

- *Es existiert keine klare Projektabgrenzung:* Der Projektauftrag ist zu wenig konkret und/oder unverständlich formuliert.
- *Die Umsetzung startet vor Freigabe des Konzeptes/Masterplans:* Dies geschieht häufig aufgrund hohen Zeitdrucks und/oder weil der Lenkungsausschuss keine Entscheidung getroffen hat.
- *Keine zusätzlichen Handlungsoptionen wurden erarbeitet:* Alternativen wurden nicht erarbeitet und damit besteht keine objektive Diskussionsgrundlage zur Würdigung des Lösungsansatzes.
- Die Handlungsoption-Entscheidung erfolgt auf unklarer Basis, wenn
  - der Projektumfang unklar ist,
  - die Ressourcenverfügbarkeit nicht ausreichend abgeklärt wurde (im Kontext mit Unternehmen und anderen Projekten),
  - die Termine nicht definitiv feststehen,
  - das Budget nicht geklärt und abgesichert wurde,
  - die gegenseitigen Abhängigkeiten von Projekt, Gesamtunternehmen und anderen Projekten nicht berücksichtigt wurden.

- Das Projekt ist nur eingeschränkt umsetzbar, weil
  - es an fähigen Projektmitarbeitern mangelt bzw. weil die Linie nicht ausreichend qualifiziert ist (Ausbildungsfähigkeit, Schulungsbedarf etc.),
  - es an Kapazität bzw. Verfügbarkeit von Schlüsselressourcen fehlt.
- *Das CPI wird zu wenig berücksichtigt:* Der Beitrag eines Projekts zum CPI wurde zwar in der Initialisierungsphase aufgegriffen, danach aber nicht mehr weiter thematisiert. Dadurch verkommt das Projekt zum Selbstzweck.

Insbesondere in den Stufen «Lösungsdesign erarbeiten» und «Masterplan umsetzen» muss die Verbesserung der Leistungsfähigkeit an oberster Stelle stehen.

5.5.9 Nutzen aus der Vernetzung

Folgende Nutzen können aus der Vernetzung erzielt werden:

- Durch den permanenten gegenseitigen Einbezug der drei Disziplinen CPI, TM und PM lassen sich die Umsetzungsrisiken des Projekts auf ein Minimum beschränken.
- Die laufende Abstimmung zwischen Unternehmens- und Projektebene macht Verantwortung, Inhalte, Entscheidungswege etc. transparent.
- Die ausgewählte Lösung wird von den Betroffenen getragen. Der Konsens macht Betroffene zu Beteiligten.

5.6 Stufe 6 «Masterplan umsetzen»

5.6.1 Vorbereitende Schritte

Bevor der Masterplan umgesetzt werden kann, wird selbstverständlich das Lösungsdesign vom Lenkungsausschuss genehmigt, in Kraft gesetzt und kommuniziert. Das Commitment des Managements muss im Unternehmen bekannt und akzeptiert sein. Dann werden für die vorgesehenen Projektfunktionen die entsprechenden Personen benannt und gegebenenfalls Mitarbeiter beigezogen oder rekrutiert. Mit dem Bereitstellen der erforderlichen Infrastruktur ist die bestmögliche Ausgangslage geschaffen. Der Masterplan kann umgesetzt werden.

5.6 Stufe 6 «Masterplan umsetzen»

5.6.2 Ziele

Das Ziel dieser Stufe ist klar: Das Lösungskonzept in die Praxis umsetzen und die angepeilten Ziele erreichen. Dabei sollten die im Konzept festgehaltenen Annahmen ständig auf ihre Vollständigkeit und inhaltliche Richtigkeit überprüft werden. Kommt es zu Abweichungen oder entstehen neue Potenziale, sind gegebenenfalls Plankorrekturen in Abstimmung mit dem Lenkungsausschuss vorzunehmen. Diese haben aber kontrolliert, systematisch und unter Einbezug der jeweiligen Anspruchsgruppen zu erfolgen. Dann werden sie wesentlich zum Projekterfolg beitragen.

Anpassungen am Masterplan sind jedoch nicht gleichzusetzen mit «Überraschungen». Letztere können die Umsetzung gefährden und zu einem Projektabbruch führen. Die Projektleitung achtet deshalb darauf, dass durch die Vorgehensweise Überraschungen entweder unterbunden werden oder so gesteuert werden können, dass sie keinen Schaden stiften.

Darüber hinaus ist auf Stufe 6 «Masterplan umsetzen» wichtig, dass die «neue Lösung» und deren beabsichtigte Konsequenzen vollständig im Unternehmen verankert werden. Das heisst unter anderem:

- Die im Rahmen der Problembehebung gewonnenen neuen Kenntnisse und Fähigkeiten sind auf Mitarbeiterebene zu transferieren. Die Befähigung der Mitarbeiter ist essenziell für die Nachhaltigkeit des Projekterfolges.
- Die Information and Communication Technology ist den neuen Erfordernissen angepasst bzw. optimiert.

Diese beiden Kriterien – zusammen mit einer zielgerichteten Kommunikation – dürfen nicht unterschätzt werden. Ein neuer Prozess wird akzeptiert, wenn die Mitarbeiter zu dessen Bewältigung befähigt sind beziehungsweise über die dafür notwendige Infrastruktur verfügen.

5.6.3 Ergebnisse

Je umfangreicher ein Projekt angelegt ist, umso komplexer wird in der Regel auch seine Umsetzung werden. Auf Stufe 6 «Masterplan umsetzen» geht es deshalb vor allem um Führung, also um Steuerung und Kontrolle. Wer steuern und kontrollieren will, benötigt messbare Kriterien, also beispielsweise Qualität, Kosten und Termine. Weicht ein Teilprojekt von den Vorgaben ab oder verfehlt es einen Meilenstein, dann leitet die Projektleitung entsprechende Massnahmen ein – Management by Exception.

Der bereits in der Konzeptphase definierte Nachweis der Projektperformance mit den Auswirkungen auf die Unternehmensperformance wird auf dieser Stufe umgesetzt. Die laufend gemessenen Resultate sind die Grundlage für die Steuerung sowie allfällige Anpassungen des Projekts. Es ist wichtig, dass diese möglichst rasch den relevanten Stellen und Personen zur Verfügung gestellt werden. Dies erlaubt unter anderem ein übergreifendes und integrales Vorgehen im Projekt.

5.6.4 Kritische Erfolgsfaktoren, Massnahmen

Auf dieser Stufe sind folgende Faktoren von besonderer Bedeutung:

- Es müssen ausreichende interne und externe Ressourcen verfügbar sein.
- Die Teams müssen vollkommen auf Ziele bzw. Ergebnisse fokussiert sein.
- Die Unterscheidung Komplexität (ist z.B. alles berücksichtigt) vs. Unsicherheit (konnte alles erkannt werden) für die Massnahmenplanung ist sicherzustellen.
- Die Ziele müssen in der Konzeptphase (Stufen «Transparenz schaffen» und «Lösungsdesign erarbeiten») definiert werden, die Ergebnisse und deren Erreichungsgrad in der Umsetzungsphase (Stufe «Masterplan umsetzen»).
- Das Commitment zum Masterplan ist auf allen Stufen und von den Entscheidungsträgern zu erreichen.
- Bei Anpassungen des Masterplans müssen die Zielvorgaben (MbO) auf die neuen Gegebenheiten ausgerichtet werden (siehe auch Stufe 5, Seite 121).

5.6.5 Herausforderungen an CPI

Werden während der Umsetzung Änderungen am Konzept vorgenommen, so werden auch deren Auswirkungen auf die Unternehmensperformance analysiert. Der Business Case wird vergleichbar überarbeitet, und die Änderungen werden kommuniziert.

Die nun nach und nach vorliegenden Resultate ermöglichen es, den Projektnutzen erstmals zu validieren. Hier ist allerdings Vorsicht geboten: Der Projektnutzen wird erfahrungsgemäss oft erst nach einer gewissen Umsetzungsphase spürbar beziehungsweise nachweisbar. Zudem ist zunächst häufig eine leichte Einbusse in der Performance zu beobachten. Die Wirksamkeit der ergriffenen Massnahmen setzt also zeitverzögert ein. Quick Wins sind deshalb für die Moral der Teams und für die Akzeptanz des Projekts äusserst wichtig.

Quick Wins

Beim Nutzennachweis ist darauf zu achten – so schwierig dieser auch zu erbringen sein mag –, dass die Resultate einfach und verständlich dargestellt werden, damit die Botschaft verstanden wird. Gut geeignet sind zum Beispiel Präsentationen, die eine Entwicklung und einen Ausblick (Tendenzen) zeigen.

5.6.6 Herausforderungen an das Transition Management

Das Transition Management hat in der Umsetzungsphase die einzelnen Massnahmen zum optimalen Umgang mit Treibern und Barrieren permanent auf deren Wirkung hin zu überprüfen, gegebenenfalls anzupassen oder zu stoppen. Transparenz ist auch hierfür die zentrale Bedingung.

- Alle Projektmitarbeiter verfügen jederzeit über die notwendigen Informationen.
- Auf Unternehmensebene vermittelt Transparenz Orientierung: Sinn des Projekts, Veränderungen, Erwartungen, Arbeitsinhalte etc.

5.6.7 Herausforderungen an das Projektmanagement

Bei der Umsetzung kommen erstmals viele Instrumente des PM zum Einsatz. Sie sollen die Steuerung des Projekts ermöglichen. Die Entwicklungen und Ergebnisse sind genau zu beobachten. Für das Reporting gelten folgende Erfolgsfaktoren:

- zeitnah, schlank, umfassend, effizient,
- realistische Darstellung des Projekts,
- klare Aussagen betreffend Resultate und Kosten,
- Tendenzen und Ausblick.

Die Ergebnisse der periodisch durchgeführten Projekt-Reviews sollten möglichst immer kommuniziert werden. Dadurch gewinnt die Dringlichkeit neue Aufmerksamkeit. Von allen Projektteammitgliedern und Beratern wird nun Transparenz und Kommunikation gefordert. ▶ Tabelle 8 gibt einen Überblick zu den wichtigsten Projektarbeiten.

▼ Tabelle 8 Stufe 4 «Masterplan umsetzen»

	Ergebnisse	Beitrag des Auftraggeber/ Unternehmens	Beitrag des Unternehmens- beraters	Kritische Erfolgsfaktoren (KEF)	Wirkung
CPI	Ergebnisse zum Nachweis zu CPI, d.h. der Wirksamkeit der Massnahmen gemäss den Vorgaben des Masterplans Grundlagen zur Interpretation von diesbezüglichen Veränderungen Sukzessives Validieren des Business Case, d.h. ersetzen von Annahmen mit nachgewiesenen Werten	Abarbeiten der verschiedenen Arbeitspakete Laufendes Anwenden des «Neuen» gemäss Vorgehensplan Bestmögliches Verbinden der Projektarbeit mit den operativen Aufgaben Aktives Einbringen von Fachwissen und Erfahrung	Methodische und fachliche Unterstützung der Projektleitung und der Projektteams Analysieren und Interpretieren der Ergebnisse Coaching der Verantwortlichen Sparring Partner	Akzeptanz in der Linie Verknüpfung Erfahrungen und Wissen aus der Linie mit der Projektarbeit	«Leistung auf Anhieb»
TM	Flexibler Umsetzungszyklus: Massnahmen gemäss Transition Plan implementieren: beobachten, Korrekturen definieren, implementieren, beobachten Korrekturen implementieren etc.	Geeignete Kommunikation um bei den Mitarbeitenden Transparenz zu verschaffen	Führen des bzw. Support beim TM-Umsetzungszyklus	Einbezug aller Anspruchsgruppen	Minimierung der Transition-Barrieren Maximierung der Transition-Treiber
PM	Der Realität entsprechende Statusreports Projekt-Reviews Laufend aktualisierter Masterplan Verschiedenste Ergebnisdokumente	Umsetzen der verschiedenen Festlegungen	Umsetzen/Erstellen des Berichtswesens und Durchführen der Projektsteuerung	Einfache, zeitnahe und realistische Berichterstattung	Der aktuelle Stand des Projekts ist bekannt (Soll-Ist-Vergleich)

5.6.8 Worst-Case-Szenarien

Mögliche Fehlentwicklungen auf Stufe 6 «Masterplan umsetzen»:

- *Der Masterplan erweist sich als nicht umsetzbar:* Er ist zu komplex, realitätsfremd, die erforderlichen Ressourcen sind nicht verfügbar etc.
- *Das Tagesgeschäft leidet unter dem Projekt:* Umsetzung erfolgt auf Kosten des Tagesgeschäfts.
- *Unüberwindbare Widerstände:* Das Management und die Mitarbeiter wurden nicht gewonnen.
- *Falsche Annahmen:* Die Annahmen im Konzept waren falsch und/oder unrealistisch. Stufe 5 «Lösungsdesign erarbeiten» muss erneut durchlaufen werden.

5.6.9 Nutzen aus der Vernetzung

Das Zusammenspiel des TM für den frühzeitigen Einbezug in die Umsetzungsarbeiten – verbunden mit einem PM, das eine genaue Zielverfolgung und damit Steuerung zulässt – stellt sicher, dass die Projektergebnisse ohne Umwege erreicht werden. Dazu folgende Merkpunkte:

- Zielkonflikte werden rechzeitig erkannt, bereinigt und falls erforderlich, werden Anpassungen vorgenommen;
- Bewältigung von Unsicherheiten durch entsprechende Begleitung;
- Bewältigung von Komplexität durch fachlich-methodische Unterstützung;
- breit abgestützte Verankerung des Projekts im Unternehmen;
- Freisetzen von Mitarbeiterwissen, Kreativität, Engagement und dadurch
  - bessere Qualität,
  - höhere Motivation,
  - bessere Identifikation;
- Sicherstellen von Projekt- und Tagesgeschäft.

5.7 Stufe 7 «Projekt abschliessen»

5.7.1 Vorbereitende Schritte

Ein Projekt gilt als abgeschlossen, wenn alle Aufgaben beendet beziehungsweise an betriebliche Organisationseinheiten übergeben worden sind. Jetzt ist die letzte Möglichkeit, korrigierende Massnahmen zu definieren und umzusetzen. Nach dieser Stufe ist der Betrieb auf sich selbst gestellt und hat den geforderten Nutzen zu realisieren.

5.7.2 Ziele

- *Erstellung des Projektschlussberichts:* Hier wird die erbrachte Leistung, der personelle und finanzielle Aufwand und der tatsächlich eingetretene Nutzen (im Kontext mit dem Projektauftrag) beschrieben und entsprechend gewürdigt.
- *Abschluss des Wissenstransfers:* Der Wissenstransfer ist bei Projektabschluss bereits beendet (siehe auch Stufe «Masterplan umsetzen»). In einem «Lessons Learned»-Meeting schliesst das Projektteam den Wissenstransfer auch auf der Ablaufebene ab. Unter anderem werden folgende Fragen beantwortet: Was war gut und sollte beibehalten werden? Wie könnte man aus heutiger Sicht die erzielten Ergebnisse noch verbessern, respektive bei einem nächsten Projekt den Ablauf weiter optimieren?
- *Erwartungen klar:* Jeder betroffene Mitarbeiter muss die terminlichen und inhaltlichen Erwartungen an die Umsetzung der neuen Lösung kennen. Dazu gehören globale und individuelle Performanceziele, Review-Termine, Rollen und Verantwortlichkeiten, Eskalationsrisiken etc.
- *Erkennbares Projektende:* Die Leistungen der Projektmitarbeiter werden gewürdigt. Um zu verhindern, dass alte Verhaltensmuster oder Prozesse weitergeführt werden, sind die Brücken in die Vergangenheit durch künftig einzuhaltende klare Verhaltensregeln zu sprengen. Schliesslich wird ein Projektabschluss-Event realisiert, an dem das Projektteam das gemeinsam Erreichte feiern kann.
- *Auflösung der Projektteams:* Die Teammitglieder gehen wieder in die Organisation zurück, die externen Unterstützer verlassen das Unternehmen. Jetzt zeigt es sich, ob der Wissenstransfer vom Projektteam auf das Unternehmen funktioniert hat. Um auch bei nachträglich auftretenden Fragen kompetente Hilfestellung leisten zu können, werden einzelne Projektteammitarbeiter als Ansprechpartner nominiert.

5.7.3 Ergebnisse

Der Projektschlussbericht ist das physische Hauptergebnis der Abschlussphase. Er beinhaltet sämtliche relevanten Unterlagen zum bisherigen Projektverlauf. Er dokumentiert die Analyseergebnisse, vergleicht die wesentlichen Resultate mit den Projektvorgaben und macht Vorschläge zum weiteren Vorgehen für die Stufen «Nachhaltigkeit überprüfen» und «Laufende Ergebnisverbesserung».

Auch die begleitende Dokumentation sollte nun so weit abgeschlossen sein, dass das erworbene Wissen des Projektteams in spätere Projekte etc. einfliessen kann. Angewandte Methoden oder Instrumente sind ebenso dokumentiert wie die damit erzielten Resultate. Die Entscheidungen innerhalb des Projektablaufes sind nachvollziehbar dargestellt, um sicherzustellen, dass das erworbene Evaluationswissen nicht verloren geht.

5.7.4 Kritische Erfolgsfaktoren, Massnahmen

Oft wird die Stufe «Projekt abschliessen» unterschätzt. Die Projektmitarbeiter sind bereits anderweitig verpflichtet und die Budgets aufgebraucht: Das persönliche Ziel der meisten Mitarbeiter ist nun, so wenig Zeit und Aufwand wie möglich in das Projekt zu investieren. Unter diesen Voraussetzungen ist es sehr leicht möglich, dass diese wichtige Stufe vernachlässigt wird. Um dies zu vermeiden, wird der finanzielle, zeitliche und personelle Aufwand von Anfang an in das Projekt eingeplant und dadurch als Teil des Projekts verstanden. Diese Stufe dient dem Wissenstransfer und der ersten Erfolgskontrolle. Die dafür bereitgestellten Mittel und Ressourcen sollten nicht als Reserve oder Puffer betrachtet werden, die bei Bedarf einfach umgebucht werden könnten. Die Schwerpunkte sind ▶ Tabelle 9 zu entnehmen.

▼ Tabelle 9 Stufe 7 «Projekt abschliessen»

	Ergebnisse	Beiträge des Auftraggebers/ Unternehmens	Beiträge des Unternehmensberaters	Kritische Erfolgsfaktoren (KEF)	Wirkung
CPI	Abschlussbericht Erkenntnisse zusammengetragen für weitere Arbeiten	Gemeinsame Arbeit, zeitgerechtes Feedback zu Draft-Versionen Zeitgerechte Fertigstellung (keine neuen Analysen, sondern primär Berichterstattung)		Offenheit, Mut zur kritischen Würdigung, Mitberücksichtigung des konkreten Umfeldes	Lessons Learned werden weiterverwendet
TM	Motivation: Neue Lösung ist bei Beteiligten und Betroffenen akzeptiert Gruppen-Feedback (Lessons Learned) Abschliessendes individuelles Feedback 360° Projektabschluss-Event	Freistellung der Mitarbeiter und des Budgets für diese Abschluss-/Feedback-Meetings Offenes, sachliches Feedback auch von «unten» zulassen Organisation des Abschluss-Events	Sicherstellen, dass die Feedback-Meetings sachlich bleiben und nicht in Schuldzuweisungen, Mobbing oder Selbstdarstellung Einzelner ausarten Support bei der Organisation des Abschluss-Events	Brücken abbrechen: «Es gibt keinen Weg zurück!» Aufrichtige Würdigung der Arbeit der Projektteammitglieder	Motivation der Mitarbeiter so erreicht, dass die Umsetzung gelebt wird
PM	Projektabschluss: Reporting und Dokumentation	Zügige, proaktive Übernahme der betrieblichen Verantwortung	Mut zum Loslassen Zügige Projektabrechnung	Kommunikation für Wissenstransfer stufengerecht durchführen	Erfolgreich abgeschlossener Wissenstransfer

5.7.5 Worst-Case-Szenarien

Die nachfolgend beschriebenen Szenarien sind typisch für die Projektabschlussphase:

- *Das Budget ist aufgebraucht oder die Mitarbeiter haben keine Zeit mehr:* Abschlussveranstaltungen haben keinen hohen Stellenwert: Das Projekt ist fertig, warum sollte man nochmals darüber sprechen? Die Projektleitung muss solchen Tendenzen frühzeitig entgegentreten und auf die Durchführung der Veranstaltung bestehen. Die Abschlussveranstaltung ist ein sachliches, maximal zweistündiges Treffen, in der alle kurz zu Wort kommen können und greifbare, pragmatische Vorschläge für die Zukunft formuliert werden. Indirekte oder direkte Schuldzuweisungen werden an einer Abschlussveranstaltung nicht diskutiert.
- *Schönreden der Resultate:* Oft werden die Projektziele und der zugrunde liegenden Business Case nicht objektiv miteinander verglichen. Der eine oder andere Aspekt wird überproportional stark oder schwach gewichtet, die Bewertung basiert auf projektfremden Kriterien oder lässt keine konstruktive Kritik zu.
Jede Bewertung hat sowohl die positiven als auch die negativen Abweichungen zu würdigen, um eine Lernerfahrung und entsprechende Massnahmen ableiten zu können. Klar muss auch sein: Perfektion ist ein Ziel, aber kein Zustand. Es gibt keine perfekten Projekte, und die vielen kleinen Probleme sind nicht über Gebühr aufzublähen. Es gilt ein gesundes Mass an Kritik zu etablieren, welches sich klar an den Projektauswirkungen orientiert.
- *Offener Konflikt:* Kommt es bei der Würdigung der Projektergebnisse zum nicht mehr kontrollierbaren Konflikt zwischen einzelnen Lagern, ist es sinnvoll, eine moderierte Feedback-Veranstaltung durchzuführen. In dieser werden die Mitarbeiter angeleitet, ihr subjektives Empfinden sachlich zu hinterfragen, zu bewerten und entsprechend objektiv zu formulieren. Dies kann sehr viel zum Unternehmensklima, auch über das Projekt hinaus, beitragen.

Durch den methodischen Zwang, das Gesamtprojekt an dieser Stelle zu reflektieren, werden allfällige Lücken rechtzeitig erkannt, sind letzte Anpassungen möglich beziehungsweise das Wissen wird durch die Dokumentierung abgesichert.

5.7.6 Nutzen aus der Vernetzung

Der Vorteil der systematischen Vernetzung aus CPI, TM und PM zeigt sich noch einmal sehr deutlich: Die Quintessenz, bestehend aus intellektueller Leistung, menschlichem Verhalten und dem daraus resultierenden Veränderungsprozess, legt offen, wie das Vorgehen bei künftigen Projekten noch verbessert werden kann.

5.8 Stufe 8 «Nachhaltigkeit prüfen»

5.8.1 Vorbereitende Schritte

Nach dem Projektende muss sich die implementierte Lösung «einspielen» und eine Chance erhalten, die geforderten Resultate auch zu erreichen. Erfahrungsgemäss sind nach einer sechsmonatigen Bewährungsfrist der mögliche Nutzen und die noch bestehenden Hindernisse gut erkennbar. Nach dieser Zeitspanne wird ein Projekt-Nachhaltigkeits-Review durchgeführt. Externe Kräfte überprüfen kritisch die Performancedaten und die Wirksamkeit der definierten Massnahmen, um die Ausrichtung und die Wirkung der neuen Lösung für die Zukunft sicherzustellen. Diese Stufe sollte zu Projektbeginn budgetiert sein, da hier nochmals letzte Korrekturen möglich sind und deshalb dieser Stufe eine sehr hohe Wichtigkeit zukommt.

5.8.2 Ziele

- *Sicherstellung der nachhaltigen Effektivität und Effizienz der neuen Lösung:* Anhand des Business Case wird in Kurz-Assessments ein letztes Mal die Performance der umgesetzten Lösung und das betriebliche Risikoprofil überprüft. Die Verantwortlichen entwickeln bei Bedarf Korrekturmassnahmen.
- *Grundlagen für weitere Verbesserungen im Umfeld des Projekts schaffen:* Die betroffenen Mitarbeiter werden befähigt, weitere Nachhaltigkeits-Reviews und Optimierungs-Runden selbstständig durchzuführen. Damit sichern sie die kontinuierliche, zielgerichtete Verbesserung der Unternehmensperformance.
- *Wissenssicherung bei Auftraggeber und Berater:* In einer Feedback-Runde formulieren Unternehmer und Berater die Erkenntnisse und die daraus abzuleitenden Massnahmen.
- *Resultate und weiteres Vorgehen kommunizieren:* Jeder betroffene Mitarbeiter muss wissen, wie es um das Projekt steht, welche terminlichen und inhaltlichen Massnahmen beschlossen wurden und wie sich diese

Änderungen auf den Betrieb auswirken: Er wird in Kenntnis gesetzt über Modifikationen der unternehmerischen und individuellen Performanceziele, weitere Review-Termine, Veränderungen in den Rollen und Verantwortlichkeiten, den De-Eskalationsmöglichkeiten etc.

5.8.3 Ergebnisse

Auf Stufe 8 «Nachhaltigkeit prüfen» findet eine objektive Beurteilung der erreichten Resultate statt. Jetzt wird auch das von Auftraggeber und Berater vereinbarte Vorgehen der Consulting Governance beurteilt. Sind die Resultate des Projekts nachhaltig wirksam? Falls nein, werden die noch notwendigen Korrekturmassnahmen festgelegt und unverzüglich umgesetzt.

5.8.4 Kritische Erfolgsfaktoren, Massnahmen

Ein kritischer Erfolgsfaktor ist die Zusammensetzung des Review-Teams. Der ehemalige Projektleiter und die am Betrieb beteiligten Mitarbeiter könnten sich als befangen erweisen. Andererseits macht es wenig Sinn, vollkommen neue Personen zu involvieren und einzuarbeiten. Das Team sollte deshalb aus Mitgliedern bestehen, die über ein gutes Projektverständnis, einen leichten Zugang zu den Mitarbeitern und über eine gewisse Unabhängigkeit verfügen.

Auf dieser Stufe werfen Auftraggeber und Berater einen möglichst objektiven Blick auf das Projekt und auf das Unternehmen, antizipieren dessen Entwicklung und leiten daraus geeignete Massnahmen ab. So lässt sich sicherstellen, dass der Projektnutzen auch mittel- und langfristig gewährleistet ist.

Wie bei allen Aktivitäten mit Review-Charakter ist es auch hier von entscheidender Wichtigkeit, dass sich alle Beurteilungen auf den Business Case beziehen.

In Kurz-Assessments und Benutzerinterviews können die Fragen mit minimalem Aufwand beantwortet werden. Es geht hier um den Vergleich des Ist-Zustands mit dem Soll-Zustand gemäss Projektauftrag und Business Case. In der zweiten Lesung werden die Annahmen im Projektauftrag mit der heutigen Situation am Markt und im Unternehmen verglichen: Sind diese Annahmen noch erfüllt oder bereits überholt?

Aus den beiden Gap-Analysen

1. «Wie gut haben wir die Lösung implementiert (Effizienz)?» und
2. «Wie sinnvoll ist die Lösung im heutigen Umfeld (Effektivität)?»

ergibt sich ein klares Bild mit ableitbaren Perspektiven und Massnahmen für die Weiterentwicklung des Unternehmens.

5.8 Stufe 8 «Nachhaltigkeit prüfen»

▼ Tabelle 10 Stufe 8 «Nachhaltigkeit prüfen»

	Ergebnisse	Beiträge des Auftraggebers/Unternehmens	Beiträge des Unternehmensberaters	Kritische Erfolgsfaktoren (KEF)	Wirkung
CPI	Kurz-Assessments/ Interviews Performance-Review	Freistellung der identifizierten Mitarbeiter für die Aufgabe Zugang zu Informationen sicherstellen	Fokussierung auf den Projektinhalt	Projektverständnis Guter Zugang zu den Mitarbeitern Realistische Erwartungen	Akzeptierte Projektergebnisse
PM	Zusammensetzung des Review-Teams	Freistellung der identifizierten Mitarbeiter für die Aufgabe	Methodenwissen/ Vorgehen, Moderation der Events	Ganzheitliche, vernetzte Beurteilung der Ergebnisse	Höchstmögliche Qualität der Projektergebnisse im Sinne der Auftragsvergabe
TM	Akzeptanz der Resultate durch Einbezug der Mitarbeiter Kommunikation der Resultate und der beschlossenen Massnahmen	Freier Zugang zu Informationen und Mitarbeitern	Enge Zusammenarbeit mit Unternehmen, keine «externe» Erstellung des Ergebnisberichts (der in Ergänzung zum Projektbericht erstellt wird und Auskunft gibt über den Verlauf des Projekts)	«Politische Unabhängigkeit im Unternehmen» Kritik-/Konfliktfähigkeit beider Seiten Gegenseitiges Vertrauen Partnerschaftliche Offenheit	Gelebte Änderungen aus dem Projekt

5.8.5 Worst-Case-Szenarien

Die unten beschriebenen Szenarien sind keine Erfindung, sondern gelegentlich Realität. Sie sollten vor Projektstart beziehungsweise Auftragsvergabe durch geeignete Regeln verhindert werden:

- *Akquisitions-Veranstaltung für Berater ohne Mehrwert für das Unternehmen:* Gelegentlich werden die im Rahmen des Nachhaltigkeits-Checks durchzuführenden Kurz-Assessments und Interviews von Beratern dazu missbraucht, neue Betätigungsfelder (sprich: neue Projektaufgaben, Teilprojekte, Arbeitspakete usw.) zu diskutieren und zu erschliessen und damit das Projekt auszuweiten, meist mit unklaren Folgen. Dies kann vermieden werden, wenn sich die Unternehmens- und die Beraterseite zu Beginn der Stufe über die angepeilten Resultate und die Review-Vorgehensweise verständigen. Beide Seiten wissen, was von ihnen erwartet wird.
- *Keine Transparenz, Ablehnung der Resultate:* Liefert ein Projekt nicht die erwarteten Ergebnisse, besteht die Gefahr, dass die Informationen «unter den Teppich gekehrt» werden. Die wahren Ursachen und Fehlleistungen werden nicht bekannt. Abhilfe schafft hier nur das offene Gespräch und die anschliessende Suche nach geeigneten Vorgehensweisen und Lösungen.

5.8.6 Nutzen aus der Vernetzung

Die Vernetzung von CPI, TM und PM führt zu einem ganzheitlichen Review, indem neben der reinen Resultaterreichung auch die Vorgehensweise, der korrekte Einbezug der Beteiligten und der sinnvolle Umgang mit Ressourcen geprüft werden. Dadurch wird auch die Akzeptanz und das Leben der Veränderung hinterfragt und eine Aussage zur Nachhaltigkeit erst möglich.

5.9 Stufe 9 «Laufende Ergebnisverbesserung»

5.9.1 Vorbereitende Schritte

Nachdem die Stufen 3 bis 8 gemeinsam durch den Auftraggeber und den Unternehmensberater abgewickelt wurden, liegt die Durchführung der laufenden Ergebnisverbesserung in der alleinigen Verantwortung des Auftraggebers. Die laufende Ergebnisverbesserung ist keine Projektstufe mehr – das Projekt wurde ja bereits abgeschlossen und das Projektteam aufgelöst –, sondern ein strukturiertes Vorgehen: «Planen», «Ausführung», «Überprüfung» und «Verbesserung». Auf dieser letzten Stufe zeigt sich, ob die Projektergebnisse im laufenden Betrieb (Tagesgeschäft) optimiert werden können und wie gut die Verankerung der entwickelten Methoden und Werkzeuge (Toolbox) im Unternehmen ist.

Waren diese im Projekt noch ausschliesslich den Projektbeteiligten vorbehalten, so sind es jetzt die Mitarbeiter in der Linienorganisation, welche die Toolbox anwenden.

Die gemeinsame Kontrolle durch Auftraggeber und Berater auf Stufe 8 «Nachhaltigkeit prüfen» hält die Projektergebnisse fest und definiert, falls nötig, korrigierende Massnahmen für die langfristige Sicherstellung der Ergebnisse. Selbstverständlich ist ohne die Dauerhaftigkeit auch keine Verbesserung möglich.

Die Mitarbeiter in der Organisation müssen dank des erfolgten Wissenstransfers befähigt sein, die laufende Ergebnisverbesserung voranzutreiben. Es muss den Mitarbeitern bekannt sein, wie ihr neuer Aufgaben- und Verantwortungsbereich aussieht und welche Instrumente ihnen in der täglichen Arbeit zur Verfügung stehen. Sie müssen wissen, mit welchen Massnahmen sie die Corporate Performance positiv wie auch negativ beeinflussen können.

5.9.2 Ziele

Die Stufe 9 «Laufende Ergebnisverbesserung» ist ein kontinuierlicher Prozess. Hier wird überprüft, ob mit den erarbeiteten Resultaten die Ziele eingehalten werden. Bei Abweichungen werden entsprechende Korrekturmassnahmen veranlasst und realisiert. Das Ziel dieser Stufe ist also die operative Umsetzung der Projektmassnahmen im täglichen Betrieb (Tagesgeschäft) und damit eine kontinuierliche Verbesserung der Corporate Performance.

Ein weiteres Ziel dieser Stufe ist, die Neuerungen auf andere Organisationseinheiten auszuweiten. Dadurch lässt sich die Effizienz im Sinne der Corporate Performance zusätzlich steigern. Dies kann bei Bedarf wieder zu einem CPI-Projekt führen.

5.9.3 Ergebnisse

Das Hauptergebnis der Stufe 9 «Laufende Ergebnisverbesserung» ist die weitere Verbesserung der Corporate Performance auf einem höheren Niveau. Dies geschieht beispielsweise durch die Optimierung eines im Projekt neu definierten Geschäftsprozesses.

Ein weiteres Ergebnis ist die Initiierung neuer Vorhaben. Es ist normal, dass die Corporate Performance aufgrund einmal getroffener Massnahmen nicht beliebig lange gesteigert werden kann. Irgendwann ist der Zeitpunkt gekommen, an dem ein sukzessiver Abfall eintritt und ohne neue Initiativen sogar ins Negative kippt. An dieser Stelle müssen neue Vorhaben initiiert werden.

5.9.4 Kritische Erfolgsfaktoren

Das «Corporate Performance Measurement» spielt auf Stufe 9 eine entscheidende Rolle. Damit die strategischen Erfolgsfaktoren operationalisiert werden können, müssen sie mit den im Projekt definierten erfolgskritischen Messgrössen (Key Performance Indicators) hinterlegt sein.

Nun lässt sich die Zielerreichung transparent darstellen. Zusätzlich können Wechselwirkungen zwischen den Key Performance Indicators erkannt werden. Sind Abweichungen feststellbar, können entsprechende Massnahmen eingeleitet werden. Die Arbeiten richten sich nach den Themen in
▶ Tabelle 11.

▼ **Tabelle 11 Stufe 9 «Laufende Ergebnisverbesserung»**

	Ergebnis-Schwerpunkte	Beiträge des Auftraggebers/Unternehmens	Beiträge des Unternehmensberaters	Kritische Erfolgsfaktoren (KEF)	Wirkung
CPI	Höhere Corporate Performance	Fortlaufendes Überprüfen der Ergebnisse auf Zieleinhaltung Einleiten von Massnahmen bei Zielabweichung		Kontrolle der Führungsgrössen (KPI) Berücksichtigung neuer externer und interner Aspekte; Einbezug neuer Einflussfaktoren in den Verbesserungsprozess Projekterfahrungen nutzen und anwenden	Frühzeitiges Erkennen einer langsameren oder sogar negativen Entwicklung der Corporate Performance Kontinuierliche Verbesserung der ursprünglichen Projektergebnisse unter Berücksichtigung neuer Erkenntnisse Förderung einer lernenden Organisationskultur
TM	Barrieren sind niedrig	Laufendes Coaching der Mitarbeiter durch die Führungskräfte Erkennen von Handlungsfeldern		Vorbildfunktion durch die Führungskräfte in der täglichen Handlung gegeben	Bereitschaft für laufende Anpassungen besser gegeben
PM	Aktuelles Projektmanagement-System (PMS)	Laufende Anpassung des PMS an die Unternehmensbedürfnisse		Befähigung der Mitarbeiter im Umgang mit den Neuerungen	Schnellere Reaktion bei neuen Herausforderungen

5.9.5 Worst-Case-Szenarien

Eine wesentliche Verschlechterung der Corporate Performance tritt ein: Nach anfänglicher Ergebnissteigerung flacht die Kurve sukzessive ab. Wieso das? Möglicherweise wurden mangels adäquater Führungs- und Kontrollsysteme veränderte Marktbedingungen übersehen oder gar falsch interpretiert.

5.9.6 Nutzen aus der Vernetzung

Die Vernetzung der Disziplinen CPI, TM und PM findet nun wieder im Rahmen des Kontinuierlichen Verbesserungsprozesses (KVP) in der Linie statt. Dadurch wird erreicht, dass sämtliche Handlungen immer auch auf Werthaltigkeit im Sinne der Erreichung der Unternehmensziele überprüft werden. Die damit sichergestellte Aufmerksamkeit der Linie für Veränderungen erlaubt frühzeitig genug die Initiierung von neuen Projekten.

In diesem Sinne dient das Programm Consulting Governance nicht «nur» der systematischen und erfolgreichen Durchführung von Projekten mit Beraterunterstützung, sondern ist die Voraussetzung für eine laufende Ergebnisverbesserung im operativen Tagesgeschäft.

5.10 Schlussfolgerung aus der Bearbeitung der Stufen

So mancher Leser mag sich nach der Lektüre von Consulting Governance etwas verwundert die Augen reiben und fragen: «Wieso sind so viele Projekte kläglich gescheitert, wenn doch ein Programm wie Consulting Governance und die Verquickung von CPI, TM und PM derart logisch, naheliegend und selbstverständlich sind?» Die Antwort ist einfach: Weil viele Manager und Berater lange Zeit persönlich davon profitierten, vielfach auf Grundsätze, Werthaltungen und systematische Vorgehensweisen etc. zu verzichten. Da auf jeder Stufe kritische Situationen auftreten, die ein Projekt zum Scheitern bringen können, vervielfachen sich die Risiken wenn nicht ein verbindliches Regelwerk eingesetzt wird.

Insofern bietet nun Consulting Governance ein Programm, das für beide Anspruchsgruppen – Manager wie Berater – ein Prüfstein ist.

6 Consulting Governance – Checklisten

6.1 Fragestellungen zu den neun Stufen der Consulting Governance

In Ergänzung zu den Ausführungen zu den Stufen sollen hier Fragestellungen im Sinne von Checklisten[1] helfen, eine höhere Sicherheit zu bekommen, dass die Stufen vollständig behandelt wurden.

---

[1] Die Checklisten zu den Stufen 1–3 sind in Anlehnung an die 75 Checks zum Projekterfolg der ASCO aufbereitet.

Stufe 1
«Problem identifizieren»

Checkliste zu Stufe 1 «Problem identifizieren»

- Ist der Gegenstand des Problems sachgerecht identifiziert, ein- und auch abgegrenzt, dokumentiert und bei allen direkt Beteiligten im Unternehmen verständlich kommuniziert? ☐
- Ist der Einfluss Problems auf die Leistungsfähigkeit des Unternehmens als Ganzem bestimmt, sind Kritische Erfolgsfaktoren identifiziert und dokumentiert? ☐
- Sind die Ursachen für das zu lösende Problem bekannt und kann sichergestellt werden, dass es sich dabei nicht nur um Symptome handelt? ☐
- Ist ein Problem-Owner identifiziert und wird diese Ownership innerhalb des Unternehmens klar kommuniziert? ☐
- Sind die Anspruchsgruppen innerhalb und ausserhalb des Unternehmens, die vom Problem direkt oder indirekt betroffen sind, identifiziert? ☐
- Lässt sich das Problem mit den Mitteln des Unternehmens unter Beizug externer Berater lösen? Sind die zur Problembehebung erforderlichen internen wie externen Ressourcen vorhanden und auch für die Mitarbeit an einem Projekt verfügbar? ☐
- Besteht in der Geschäftsleitung des Unternehmens Einigkeit über die qualitativen und quantitativen Ansprüche an die zu erarbeitende Lösung? ☐
- Steht die Unternehmensleitung vollumfänglich hinter dem geplanten Projekt und der angestrebten Lösung? ☐
- Sind die Ziele und Kritischen Erfolgsfaktoren der Lösung klar und unmissverständlich definiert? ☐
- Bestehen terminliche Prioritäten zur Lösungserbringung? ☐
- Existieren im Markt Musterlösungen, die als Benchmark dienen können? ☐
- Sind absehbare Widerstände bei der Umsetzung der Konzepte erkannt; existieren Vorstellungen, wie diese während des Projekts beseitigt werden können? ☐
- Gibt es Abhängigkeiten/Auswirkungen auf andere Vorhaben? ☐
- Sind alle Aspekte der Disziplinen-Trilogie aufbereitet, transparent und akzeptiert? ☐

Stufe 2
«Berater auswählen»

Checkliste zu Stufe 2 «Berater auswählen»

- Besteht ein vollständiger und objektiver Kriterienkatalog (Anforderungsprofil) für die Beraterauswahl? ☐
- Sind die vorgesehenen Berater und ihr Hintergrund (Erfahrungen, Kenntnisse, Spezialgebiete, …) bekannt? ☐

6.1 Fragestellungen zu den neun Stufen der Consulting Governance

- Besteht im Unternehmen Einigkeit darüber, wer effektiv die Entscheidung zur Beraterauswahl trifft? Haben das zu konstituierende Projektteam und der einzusetzende Lenkungsausschuss ein Mitwirkungs- oder Mitspracherecht? ☐
- Sind aufgrund des Kriterienkatalogs alle in Frage kommenden Beratungsunternehmen um ein Offertenangebot angefragt worden? ☐
- Sind einzuholende Referenzen über die Beratertätigkeit objektiv erfasst und werden sie zur Entscheidungsvorbereitung auch geprüft? ☐
- Ist der Bedarf an diesen externen Ressourcen in quantitativer wie qualitativer Hinsicht bestimmt? ☐
- Bestehen Vorstellungen zur Ethik des Beraters und seiner Vorgehensmethodologie? ☐
- Entspricht die Kultur des Beratungsunternehmens der eigenen Unternehmenskultur? ☐
- Besteht im Unternehmen Einigkeit über die Rolle, die der Berater in der gemeinsamen Zusammenarbeit einnehmen soll? ☐
- Wurden den potenziellen Beratern alle Informationen ausgehändigt, damit diese eine sachlich richtige und vollständige Offerte ausarbeiten können? ☐
- Enthält die Beraterofferte eine vollständige Beschreibung des geplanten Vorgehens, das Arbeitsprogramm, Meilensteine und deren Terminierung sowie einen Vorschlag zur Projektorganisation? ☐
- Stimmt die von den Beratern vorgeschlagene Vorgehensweise und Methodologie mit den im Unternehmen bestehenden Usancen überein? Sind sinnvolle Erweiterungen notwendig, die Synergien zu bisherigen Standards des Unternehmens bringen? ☐
- Wird das Vorgehen bei Unvorhergesehenem und deutlichen Planabweichungen klar geregelt? ☐
- Enthält die Entlöhnung der Berater erfolgsabhängige Komponenten, werden Konventionalstrafen bei Nicht-Erfüllung der gemeinsamen Ziele vereinbart? ☐
- Ist ein systematisches Transition Management, das Widerstände bei der Umsetzung vorausschauend identifiziert und ausräumt, Teil der Beraterofferte? ☐
- Ist eine Überprüfung der Nachhaltigkeit nach dem eigentlichen Projektabschluss durch die Berater in der Offerte eingeschlossen? ☐

Stufe 3 «Projekt initialisieren»

Checkliste zu Stufe 3 «Projekt initialisieren»

- Ist ein Lenkungsausschuss ernannt und mit den für die Projektdurchführung notwendigen Kompetenzen und Verantwortung ausgestattet? ☐
- Sind alle Verantwortlichen, die von den angestrebten Lösungen direkt oder indirekt betroffen sind, ins Projekt eingebunden? ☐

- Sind jene Mitarbeiter, die aufgrund ihrer Erfahrung einen wesentlichen Beitrag leisten können, ins Projekt eingebunden? ☐
- Sind die internen wie externen Projektleiter ernannt, ist das eigentliche Projektteam zusammengestellt? ☐
- Sind alle Rollen definiert und den beteiligten Mitarbeitern zugewiesen? ☐
- Stehen interne Mitarbeiter in ausreichender Anzahl mit ausreichender Qualifikation, Kompetenz und Erfahrung zur Verfügung und sind sie auch in der Lage, die Projektmitarbeit gegenüber anderen Verpflichtungen zu priorisieren? ☐
- Sind Regeln für die Projektkommunikation bestimmt, Massnahmen des Projektmarketings geplant und beschlossen? ☐
- Sind die Projektkosten, Meilensteine und der geplante Termin zur Übergabe der Lösung definiert? ☐
- Ist das Projekt sauber vom Tagesgeschäft und anderen Projekten im Unternehmen abgegrenzt? ☐
- Ist das Projekt gegenüber der Unternehmensstrategie und anderen Projekten im Projektportfolio eindeutig positioniert? ☐
- Ist das Projektteam vollständig vom Projekterfolg überzeugt und motiviert? ☐
- Unterstützt das Top-Management das Projekt uneingeschränkt und für alle Beteiligten im Unternehmen vernehmbar? ☐
- Besteht eine gemeinsam geteilte Projektvision, die sich in absehbarer Frist auch praktisch und rentabel umsetzen lässt? ☐

Stufe 4 «Transparenz schaffen»

Checkliste zu Stufe 4 «Transparenz schaffen»

- Sind alle für das Projekt erforderlichen Unterlagen zusammengestellt und bezüglich Aktualität und Bedeutsamkeit für den Inhalt des Projekts klassifiziert? ☐
- Kann bereits über diese vorhandenen Dokumentationen ein gemeinsames Verständnis aller Beteiligten über die Ausgangslage hergestellt werden oder ist eine zusätzliche Evaluation notwendig? ☐
- Besteht Übereinstimmung bei der Zielsetzung des Projekts und seinem Bezug zur Strategie des Unternehmens? ☐
- Können Kritische Erfolgsfaktoren (KEF) des Projekts definiert werden und diese über Key Performance Indicators (KPI) objektiv gemessen werden? ☐
- Sind sämtliche unternehmensinternen wie externen Rahmenbedingungen und Einflussfaktoren bekannt und quantifiziert? ☐
- Sind alle Risiken einer Umsetzung bekannt und können diese objektiv erfasst und mittels Steuerung des Unternehmens kontrolliert werden? ☐

- Ergibt eine Kosten-Nutzen-Betrachtung (bewerteter Business Case der möglichen Lösung) einen eindeutigen Nutzenüberschuss des Projektvorgehens? ☐
- Sind diese wirtschaftlichen Fakten betreffend des Ist- und Soll-Zustands vollständig und in einheitlichem Detailliertheitsgrad quantifiziert? ☐
- Bestehen im Unternehmen Tabus, die von der angestrebten Lösung nicht angefasst werden sollen? Sind diese Tabus zumindest im Projektkernteam eindeutig kommuniziert worden? ☐
- Können mögliche Quick Wins im Sinne einer schnell zu verwirklichenden und vorläufigen Lösung aufgezeigt werden und gegenüber Stakeholdern, Geschäftsleitung sowie den direkt Betroffenen kommuniziert werden? ☐
- Sind alle Ergebnisse der Analysephase im Sinne einer echten Transparenz allen Beteiligten klar, verständlich und benutzerfreundlich kommuniziert worden? ☐

Stufe 5 «Lösungsdesign erarbeiten»

Checkliste zu Stufe 5 «Lösungsdesign erarbeiten»

- Wurden verschiedene Varianten des Lösungsdesigns bis zu einem festgelegten Detaillierungsgrad ausgearbeitet und dann aufgrund klar definierter und dokumentierter Kriterien beurteilt? ☐
- Wurden die Resultate dieser Entscheidungsfindung dokumentiert und den relevanten Personen und Gremien klar kommuniziert? ☐
- Wurden bzw. werden die im Projekt bisher gewonnenen Erkenntnisse für die weitere Projektarbeit aufbereitet, kommuniziert und verfügbar gemacht? ☐
- Wurde der Masterplan in Abstimmung mit den dafür Verantwortlichen erarbeitet und wird er von diesen mitgetragen? ☐
- Sind die im Masterplan definierten Arbeitspakete mit den dafür eingeplanten bzw. verfügbaren Ressourcen innerhalb der definierten Termine realisierbar? ☐
- Wurden schnell realisierbare Quick Wins definiert, die dem Projekt zu der gewünschten Schlagkraft verhelfen werden (inkl. der Kommunikation der dabei erzielten Resultate)? ☐
- Sind die Inhalte des angestrebten Lösungsdesigns und insbesondere des Masterplans einfach und verständlich formuliert? ☐
- Sind die Schlüsselindikatoren (Key Performance Indicators, KPI), mit denen der Beitrag des Projekts zur Verbesserung der Leistungsfähigkeit des Unternehmens (die CPI des Projekts) nachgewiesen wird, gemeinsam mit den Verantwortlichen klar definiert und quantifiziert worden? ☐
- Ist die Umsetzung der Performance-Messung inkl. Zuständigkeiten, Konsolidieren, Interpretieren und Kommunizieren definiert? ☐
- Werden die drei Disziplinen vernetzt und so dargestellt, dass das Vorgehen einfach und verständlich vermittelt werden kann? ☐

Stufe 6
«Masterplan umsetzen»

Checkliste zu Stufe 6 «Masterplan umsetzen»

- Wurden die auf Stufe 5 identifizierten Quick Wins in die Praxis umgesetzt? ☐
- Sind die Inhalte des Masterplans allen Beteiligten kommuniziert worden bzw. sind die entsprechenden Informationen für diese verfügbar? ☐
- Durch welche Massnahmen wird die Vernetzung der vorzunehmenden Arbeiten in den Disziplinen Corporate Performance Improvement, Projektmanagement und Transition Management sichergestellt? ☐
- Haben sich seit der Erarbeitung des Lösungsdesigns bzw. des Masterplans auf Stufe 3 wesentliche Rahmenbedingen verändert bzw. werden sie sich nicht wie angenommen verändern oder entwickeln? ☐
- Spannungsfeld Projektarbeit vs. Tagesgeschäft: Gibt es eine klare Regelung der Prioritäten und ist diese auch allen Beteiligten mitgeteilt worden? ☐
- Werden eingeführte Anpassungen nachhaltig umgesetzt bzw. wird Ursprüngliches nachweislich und «unwiderruflich» durch das Neue ersetzt und gelebt? ☐
- Ist der Projektstatus (Soll-/Ist-Abgleich betreffend Qualität, Termine, Kosten sowie CPI) allen Beteiligten bekannt? ☐
- Bei Auftreten von Abweichungen vom Plan: Sind die wahren Ursachen dieser Abweichungen bekannt und wurden entsprechende Massnahmen zu deren Beseitigung eingeleitet? ☐
- Werden diese Massnahmen systematisch gesteuert und wird insbesondere deren Wirksamkeit überprüft? Wird dies im Projektteam thematisiert? ☐
- Bei Auftreten von Widerständen innerhalb des Projektteams: Werden diese mit den betreffenden Mitarbeitern thematisiert und daraus hervorgehende Erkenntnisse bei den weiteren Arbeiten berücksichtigt? ☐
- Bei Umsetzungswiderständen im Unternehmen: Sind deren Ursachen bekannt? Können zum Beispiel flankierende Massnahmen Abhilfe leisten? ☐

Stufe 7
«Projekt abschliessen»

Checkliste zu Stufe 7 «Projekt abschliessen»

- Wurde jedes einzelne Versprechen des Projektauftrages und des Business Case ausgewertet und im Projektabschlussbericht thematisiert? ☐
- Wurden die Annahmen des Projektauftrages und des Business Case verifiziert? ☐
- Wurden alle (Teil-)Ergebnisse aus dem Projekt dokumentiert und in geeigneter Form ins Knowledge Network des Unternehmens eingespiesen? ☐
- Wurden die «Learnings» bei den Mitarbeitern abgeholt? ☐

6.1 Fragestellungen zu den neun Stufen der Consulting Governance

- Wurden die Beiträge der Projektmitarbeiter individuell gewürdigt? Haben sie ein Feedback erhalten? ☐
- Existiert noch einen Fallback-Pfad zurück in die alten Verhaltensmuster, welcher nicht blockiert wurde? ☐
- Sind den Mitarbeitern im Betrieb die neuen Anforderungen und das weitere Vorgehen klar? ☐
- Ist für jedes ehemalige, interne Mitglied des Projektteams klar, welches seine nächste Aufgabe im Unternehmen sein wird? Wird diese Aufgabe von ihm akzeptiert? ☐
- Sind die Mitarbeiter im Betrieb von der neuen Lösung überzeugt? Arbeiten sie bereits selbstständig an weiteren Verbesserungen? ☐
- Sind Ansprechpersonen definiert worden zur Klärung von Fragen aus dem Betrieb? ☐

Stufe 8 «Nachhaltigkeit prüfen»

Checkliste zu Stufe 8 «Nachhaltigkeit prüfen»

- Wurden alle geplanten Performanceindikatoren zeitlich gestaffelt ausgewertet? Liegen also sowohl die aktuellen Messwerte als auch die Tendenzen der Messwerte und ihre Entwicklung seit Projektabschluss vor? ☐
- Wurden die Performance- und Unternehmensziele gemäss des zugrunde liegenden Projektauftrags in der Praxis auch eingehalten? ☐
- Haben sich die Voraussetzungen seit Projektabschluss geändert? Falls ja: Welches sind die Auswirkungen dieser Änderungen? ☐
- Wurden die Erfahrungen und «Learnings» der Beteiligten eingeholt und aufbereitet? ☐
- Wurden die inhaltlichen Erkenntnisse und das bezüglich Consulting Governance relevante Wissen ins Knowledge Network des Unternehmens eingespiesen? ☐
- Wurde sowohl die Leistung der Beratungsfirma als auch der Unternehmensseite im Sinne von Consulting Governance detailliert gewürdigt? ☐
- Wurde dem Berater von der Unternehmensseite eine kritische Rolle zugebilligt? Hat er diese auch wahrgenommen? ☐
- Hat sich der Berater auf die Untersuchung des direkt ableitbaren Projekterfolges fokussiert? ☐
- Wurden konkrete, umsetzbare Vorschläge für das weitere Vorgehen erarbeitet? ☐

Stufe 9
«Laufende Ergebnis-
verbesserung»

Checkliste zu Stufe 9 «Laufende Ergebnisverbesserung»

- Wird die Nachhaltigkeit der Projektergebnisse in Zusammenarbeit mit den Beratern kritisch überprüft und gegebenenfalls durch flankierende Massnahmen sichergestellt? ☐
- Werden die Erkenntnisse aus dem Projekt in der laufenden Ergebnisverbesserung angewandt? ☐
- Werden die erarbeiteten Methoden in der laufenden Ergebnisverbesserung angewandt? ☐
- Hat das im Projekt definierte Vorgehen nach wie vor Gültigkeit? ☐
- Muss das Vorgehen an neue externe oder interne Rahmenbedingungen des Unternehmens angepasst werden? ☐
- Haben die zu Projektbeginn und während der Durchführung definierten Kritischen Erfolgsfaktoren (KEF) nach wie vor ihre Gültigkeit? ☐
- Besitzen die während der Projektdurchführung definierten Key Performance Indicators (KPI) auch nach Projektabschluss ihre Gültigkeit? ☐
- Sind diese KPI aus den KEF abgeleitet und mit diesen abgeglichen? ☐
- Sind die definierten KPI eindeutig messbar, verständlich und den betroffenen Mitarbeitern kommuniziert? ☐
- Werden die externen Einflüsse in die Beurteilung der Ergebnisverbesserung einbezogen? ☐
- Existieren im Unternehmen Handlungsfelder, die zu einem neuen Vorhaben führen? ☐

6.2 Checkliste zur Corporate Performance Improvement (CPI)

Corporate Performance Improvement

Checkliste zur Corporate Performance Improvement (CPI)

- Wird auf jeder Stufe des Projekts die betriebswirtschaftliche Rentabilität aller anstehenden Handlungsoptionen und Entscheidungen mittels der Berechnung eines Business Case bestimmt? ☐
- Sind die Einflüsse eines Projekts auf die kurz-, mittel- und langfristige Unternehmensplanung ermittelt? ☐
- Sind Abhängigkeiten, Synergien, Überschneidungen mit anderen Projekten im Portfolio des Unternehmens identifiziert? ☐
- Erfolgt die Leistungsbeurteilung eines Projekts nach den im Unternehmen verankerten Standards, Prozeduren und Vorschriften oder müssen diese in sinnvoller Weise ergänzt oder erweitert werden? ☐
- Wird diese Leistungsbeurteilung in geregelten Abständen vorgenommen und allen Beteiligten kommuniziert? ☐
- Können Quick Wins im Sinne der pragmatischen Herbeiführung einer schnellen und spürbaren Lösung nicht nur identifiziert, sondern auch in der Praxis umgesetzt werden? ☐
- Ist eine Nachhaltigkeitsüberprüfung der Projektergebnisse nach dem eigentlichen Projektabschluss unter Beteiligung der Berater vorgesehen und wird sie auch in die Praxis umgesetzt? ☐
- Ist das CPI auf konkrete Unternehmensziele ausgerichtet? ☐

6.3 Checkliste zum Transition Management

Transition Management

Checkliste zum Transition Management (TM)

- Ist die uneingeschränkte Unterstützung des Projekts durch das Management für alle Beteiligten und Betroffenen während des gesamten Prozesses sichtbar? ☐
- Unterstützt die gelebte Unternehmenskultur Veränderung, Engagement, Initiative und das Bestreben nach betrieblicher Innovation bei den Mitarbeitern? ☐
- Besteht Toleranz für Fehler zur Herstellung eines kontinuierlichen Verbesserungsprozesses? ☐
- Sind alle Betroffenen in die Entscheidungsfindung und -umsetzung einbezogen? ☐
- Wird jedem betroffenen Mitarbeiter rechtzeitig und klar kommuniziert, was eine Veränderung im Unternehmen für ihn konkret bedeuten wird? ☐
- Sind Treiber und Barrieren einer Veränderung im Unternehmen durch das Projekt bestimmt? Werden Treiber konstruktiv bei der Umsetzung eingebunden, Barrieren neutralisiert? ☐
- Existiert ein System materieller oder immaterieller Belohnungen, welches das erwünschte Verhalten der betroffenen Mitarbeiter stimuliert? Wird an die Veränderung unangepasstes Verhalten sanktioniert? ☐
- Sind die Ziele der Veränderung vollständig und auch glaubwürdig kommuniziert? ☐

6.4 Checkliste zum Projektmanagement

Projektmanagement

Checkliste zum Projektmanagement (PM)

- Ist eine klare Projektorganisation definiert? ☐
- Sind die zur Zielerreichung erforderlichen Ressourcen in ausreichender Anzahl und Qualität vorhanden? ☐
- Stehen die geplanten Termine, Meilensteine, Arbeitsschritte, Kosten in einem angemessenen Verhältnis zu den qualitativen wie quantitativen Zielen? ☐
- Wird der Auftraggeber vom Berater laufend über den tatsächlichen Projektfortschritt informiert? ☐
- Sind vorhandene Risiken der Umsetzung der Projektergebnisse zu jedem Zeitpunkt bekannt? Werden sie an die Unternehmensverantwortlichen auch «ungeschönt» kommuniziert? ☐
- Sind die Aufgaben Qualitätssicherung, Change-Management und Projektcontrolling rechtzeitig etabliert? ☐
- Ist ein De-Eskalationsverfahren definiert, um mit möglichen Konflikten zwischen Projekt- und Linienorganisation umgehen zu können? ☐
- Verfügt das Projekt über einen eigentlichen Kommunikationsplan, werden alle wichtigen Erkenntnisse und Ergebnisse frühzeitig und kontinuierlich an alle Beteiligten, Betroffenen und Anspruchsgruppen im Unternehmen kommuniziert? ☐

7 Anhang

7.1 Zertifizierung von Beratern

7.1.1 Verhaltenskodex für zertifizierte Unternehmensberater CMC[1]

Ethisches Verhalten ist eine Geisteshaltung. Der ethisch eingestellte Unternehmensberater anerkennt, dass Integrität und Objektivität unabdingbar sind und dass diese Werte den wichtigsten Bestandteil des Berufsbildes des zertifizierten Unternehmensberaters CMC darstellen.

Es geht jedoch nicht nur darum, dass CMC den Verhaltenskodex beachten. Da das Vertrauen der Öffentlichkeit davon abhängt, wie diese die ethische Verhaltensweise des Beraters wahrnimmt, ist es wichtig, dass das Handeln des CMC auch als im Interesse der Öffentlichkeit stehend gesehen wird.

Falls daher bei der Anwendung des Verhaltenskodex Konflikte zwischen den Interessen beteiligter Parteien entstehen, gelten die folgenden Prioritäten: (1) die Öffentlichkeit, (2) der Klient, (3) der Berufsstand, (4) das eigene Interesse.

Der Verhaltenskodex des ICMCI (International Council of Management Consulting Institutes) beinhaltet neun Punkte, die nachstehend wiedergegeben werden. Zum Schluss finden sich die dazugehörenden Interpretationen.

---

[1] Quelle: Verhaltenskodex für «Certificed Management Consultant (CMC)» der «Association of Management Consultants Switzerland (ASCO)»
http://www.asco.ch/pdf/a2_kodex_cmc.pdf

Verhaltenskodex des ICMCI

Vertraulichkeit

1. Ein CMC wird Klienteninformationen vertraulich behandeln und sie weder zum eigenen Vorteil nutzen noch Dritten zugänglich machen.

1.1 Ein CMC wird keine vertraulichen Kundeninformationen ohne das ausdrückliche Einverständnis des Klienten weitergeben.

1.2 Ein CMC wird Klienteninformationen derart aufbewahren, dass Sorgfalt und übliche administrative Handhabung es ermöglichen, die Informationen zu schützen. Wenn beispielsweise Informationen auf elektronischen Medien gespeichert sind, muss ein CMC jederzeit über den Standort solcher Medien, einschliesslich allfälliger Kopien, informiert sein. Gedrucktes, Entwürfe und Berichte sind zu vernichten oder vor dem Wegwerfen unkenntlich zu machen.

1.3 Falls vom Klienten nicht anders angewiesen, hat ein CMC jegliche Informationen, die er vom Klienten erhält, vertraulich zu behandeln. Dieses Gebot trifft nicht auf Informationen zu, die öffentlich zugänglich sind.

1.4 Falls ein CMC von vertraulichen Informationen während eines Mandates Kenntnis erhält, die beispielsweise mittels Börsentransaktionen ausgenutzt werden könnten, ist er nicht nur dafür verantwortlich, dass diese Informationen vertraulich bleiben, sondern muss auch von jeglichen Aktivitäten absehen, die in der Öffentlichkeit als Vorteilsnutzung angesehen würden.

Unrealistische Erwartungen

2. Ein CMC wird davon absehen, unrealistische Erwartungen zu schüren oder Klienten zu versprechen, dass der erwartete Nutzen aus spezifischen Beratungsleistungen mit Sicherheit anfallen wird.

2.1 Ein CMC wird sich nicht irreführender Werbeaktionen, Druckmittel oder anderer unprofessionellen Methoden zum Erlangen von Mandaten bedienen.

2.2 Bei Verhandlungen mit dem Klienten und/oder bei der Bestätigung des Auftragsumfangs (siehe 6. und 6.1) wird sich ein CMC jederzeit realistisch verhalten und keine Resultate versprechen, die ausserhalb seiner eigenen Einflussmöglichkeiten liegen.

2.3 Ein CMC wird normalerweise potentielle Nutzen identifizieren und diese dem Klienten beschreiben; diese «Beschreibung» sollte sich direkt auf den Arbeitsplan abstützen und durch Erfahrungen erhärtet sein.

Kommissionen/Finanzielle Interessen

3. Ein CMC wird weder Kommissionen, Entschädigungen noch andere Vorteile seitens Dritter im Zusammenhang mit Empfehlungen an den Klienten ohne dessen Wissen und Einverständnis annehmen. Ebenso sind eigene finanzielle Interessen an Gütern oder Dienstleistungen, die Teil einer solchen Empfehlung sind, offen zu legen.

3.1 Ein CMC wird dem Klienten (oder potentiellen Klienten) jegliche persönlichen, beruflichen oder anderen Geschäftsinteressen offen legen, die das Vertrauen des Klienten in die Integrität, Objektivität oder Unabhängigkeit des CMC beeinträchtigen könnten.

Aufträge

4. Ein CMC wird nur solche Mandate annehmen, für die er über Erfahrung und Wissen verfügt.

4.1 Ein CMC wird sich für die Ausführung eines Auftrages nicht als qualifiziert ausgeben, wenn nicht sowohl die entsprechende Ausbildung als auch die praktische Erfahrung dafür gegeben sind. Dies ist jedoch auch im Zusammenhang mit dem Grad der Unterstützung (sowohl Methodik als auch Ausbildung) seitens seiner Beratungsfirma zu beurteilen.

4.2 Ein CMC wird keine Mandate annehmen, für die er nicht qualifiziert ist (Ausbildung und Erfahrung), auch wenn ein Klient in Kenntnis dieses Mangels speziell darauf besteht. Ein möglicher Ausweg aus diesem Dilemma könnte das Angebot sein, das Projekt zu überwachen und die notwendigen Fachkenntnisse unterzuvergeben.

4.3 Ein CMC wird seine Fähigkeiten und sein Wissen über das Basiswissen gemäss «Einheitlichem Wissensgerüst» hinaus entwickeln, insbesondere in seinem Spezialgebiet, und zwar auf ein Niveau, das den Bedürfnissen der Klienten entspricht und mit den Dienstleistungen anderer Berater im selben Gebiet vergleichbar ist.

Unverträgliche Aufträge

5. Ein CMC vermeidet es, gleichzeitig in potentiellen Konfliktsituationen zu agieren, ohne alle Parteien im Voraus davon in Kenntnis gesetzt zu haben.

5.1 Ohne die Einwilligung aller Beteiligten wird ein CMC kein Mandat bei der Konkurrenz seines Klienten oder bei anderen Parteien, deren Interessen mit denen des Klienten in Konflikt stehen, annehmen. Dies kann sich auf Aufträge beziehen, die mehrere Wochen auseinander liegen; ein Zeitraum von mehreren Jahren zwischen zwei Mandaten reduziert jedoch den Konflikt oder könnte ihn sogar gänzlich ausmerzen.

5.2 Konflikte können ebenfalls durch geschäftliche oder persönliche Beziehungen eines Mitarbeiters der Beratungsfirma des CMC entstehen. Die minimalste Abhilfe bei Konflikten oder Eigeninteressen ist immer die vollständige Offenlegung der Umstände gegenüber dem Klienten vor Annahme des in Aussicht gestellten Mandates. Gewisse Konflikte können jedoch so gravierend sein, dass jegliche Offenlegung die Situation nicht zu bereinigen vermag; unter solchen Umständen besteht der einzige Ausweg darin, aus ethischen Gründen auf das Mandat zu verzichten. Ein echter Konflikt liegt dann vor, wenn eine aussen stehende Person in Kenntnis aller Fakten zum Schluss käme, dass die vorliegende Beziehung eine inakzeptable Beeinträchtigung der Objektivität des CMC darstellt.

Verhandlungen mit dem Klienten

6. Ein CMC stellt sicher, dass vor der Annahme eines Mandates gegenseitiges Einvernehmen über Ziele, Umfang, Arbeitsplan und Honorar besteht, und dass alle persönlichen, finanziellen oder anderen Interessen, welche die Ausführung der Arbeit beeinträchtigen könnten, offen gelegt wurden.

6.1 Ein CMC bestätigt schriftlich die Modalitäten eines Auftrages, das heisst
- Zielsetzung
- voraussichtliche Einschränkungen, denen die Abgabe der professionellen Meinung unterliegen werden
- Schritte, Meilensteine und Ergebnisse des vorgeschlagenen Arbeitsplans
- Zeitrahmen der Schritte, Meilensteine, Ergebnisse sowie des Abschlusstermins
- Name, einschlägige Qualifikationen und Rolle jedes vorgeschlagenen Beraters
- Zweckbestimmung der Arbeitspapiere
- Honorare (in der Regel aufgeteilt nach den Phasen des Arbeitsplanes)
- Art der Rechnungsstellung einschliesslich Verrechnung von Spesen, Auslagen und allfälliger Steuern

6.2 Sollten sich die Modalitäten im Verlauf eines Mandates ändern, so wird ein CMC sicherstellen, dass die entsprechenden Auswirkungen auf Honorare, Spesen, Auslagen, Steuern und Rechnungsstellung dem Klienten unterbreitet und schriftlich vereinbart werden.

Rekrutierung

7. Ohne das Einverständnis des Klienten wird ein CMC davon absehen, einen Mitarbeiter des Klienten abzuwerben.

7.1 Ein CMC wird weder für seine eigene Firma noch für andere einen Mitarbeiter des Klienten einstellen, es sei denn, der Klient ist informiert und hat vorgängig sein Einverständnis gegeben.

Vorgehen

8. Ein CMC demonstriert einwandfreies professionelles Gebaren im Umgang mit Klienten, mit der Öffentlichkeit und mit anderen CMC.

8.1 Ein CMC wird niemals jemanden dazu veranlassen, anwendbares Recht und Gesetz zu brechen.

8.2 Ein CMC wird für niemanden arbeiten, der ihn veranlasst, Recht und Gesetz zu brechen.

8.3 Ein CMC wird sein Wissen und Verständnis des Verhaltenskodex und des «Einheitlichen Wissensgerüstes» einschliesslich aller Ergänzungen und Zusätze aufrechterhalten.

8.4 Ein CMC kritisiert einen anderen CMC weder direkt noch indirekt, weder um Geschäfte zu akquirieren noch in anderen Bereichen seiner professionellen Tätigkeit.

8.5 Wird ein CMC von einem Klienten angefragt, eine kritische Beurteilung der Arbeit eines anderen CMC durchzuführen, so ist der betroffene CMC schriftlich darüber zu informieren und der Klient auf diese Pflicht aufmerksam zu machen.

8.6 Bevor ein CMC eine derartige Aufgabe annimmt, unterhält er sich mit dem Klienten darüber, ob die Ergebnisse der Beurteilung dem anderen CMC zur Kenntnis gebracht werden dürfen, wobei er feststellt, dass dies im Normalfall vorgesehen ist. Falls der Klient dies nicht zulässt, hat der CMC sorgfältig zu prüfen, ob er dieses Mandat angesichts des Verhaltenskodex annehmen soll.

8.7 Im öffentlichen Interesse kann einem CMC, der sich in irgendeiner Weise berufsschädigend verhalten hat, die Berechtigung zur Führung des Titels «CMC» entzogen werden.

Andere Unternehmensberater

9. Ein CMC stellt sicher, dass andere Berater, die für ihn arbeiten, mit dem «Verhaltenskodex» vertraut sind und diesen befolgen.

9.1 Zusätzlich zur Verantwortung für seine eigenen Empfehlungen und Tätigkeiten wird ein CMC sicherstellen, dass andere Berater, die unter seiner Führung Aufträge bearbeiten – ob CMC oder nicht, den Verhaltenskodex verstehen und beachten. Als Berater in diesem Sinne gelten Kollegen, Untergebene und beigezogene Unternehmensberater.

9.2 Ein CMC ist verantwortlich für jeden der Zertifizierungskommission gemeldeten Verstoss gegen den Verhaltenskodex durch sein Beratungsteam und unterliegt denselben Konsequenzen, die im Falle eines Verstosses durch den CMC allein entstanden wären.

9.3 Ein CMC, der sich unprofessionell verhält, wird der Zertifizierungskommission gemeldet.

9.4 Im Interesse aller CMC wird ein CMC die Zertifizierungskommission informieren und/oder betroffene Kunden und Öffentlichkeit auffordern dies zu tun, falls das Verhalten eines CMC berufsschädigend wirkt.

Zusätzliche Interpretationen

Kein niedergeschriebener Kodex wird jemals alle Eventualitäten abdecken. Daher sind CMC angehalten, sich in Fällen, bei denen über ethische Aspekte Unklarheit besteht, von der Zertifizierungskommission beraten zu lassen. Entsprechende Anfragen werden streng vertraulich behandelt.

Die Zertifizierungskommission wird in Zweifelsfällen den Rat des ICMCI einholen. Sie wird die Umstände jeder Anfrage sowie den Inhalt der im

Einzelnen erteilten Ratschläge in anonymer Form dokumentieren. Die Summe dieser Ratschläge wird dazu dienen, in Zukunft zusätzliche Interpretationen des Verhaltenskodex zu erstellen.

Das ICMCI beabsichtigt, sowohl den Kodex als auch seine Interpretationen periodisch zu überarbeiten beziehungsweise zu ergänzen.

7.1.2 CMC – Vorgehen zur Zertifizierung von Beratern

Die Bewerber für eine CMC-Zertifizierung wenden sich an die Zertifizierungskommission, welche in der Schweiz durch die ASCO und zum Beispiel in Deutschland durch den BDU (Bundesverband Deutscher Unternehmensberater) betreut wird.

Danach wird bei Eignung aufgrund einer Vorprüfung der Zertifizierungsprozess eingeleitet. Der genaue Ablauf ist in Anleitungen detailliert beschrieben, die bei den entsprechenden Vereinigungen bezogen werden können.

7.2 Begriffsdefinitionen

Consulting Governance®

Consulting Governance ist ein integrales Programm, das klare Regeln zur Zusammenarbeit zwischen Unternehmen und Berater vorschreibt, welches das zielorientierte Vorgehen in gemeinsamen Vorhaben sicherstellt und damit den nachhaltigen Erfolg bestimmt. Durch die konsequente Orientierung am Nutzen des Beratungskunden leistet Consulting Governance einen massgebenden Beitrag zur Erreichung der langfristigen Unternehmensziele – ausgehend von der Problemidentifizierung über das Lösungsdesign und die Umsetzung bis hin zur Erfolgskontrolle und zur permanenten Ergebnisverbesserung.

Corporate Performance

Die Corporate Performance (CP) bezeichnet die Unternehmensleistung bzw. das Erarbeiten von Leistungen, für die ein Kunde bereit ist, einen Preis zu bezahlen.

Corporate Performance Improvement

Corporate Performance Improvement (CPI) beinhaltet die systematische und innovative Ausrichtung der Unternehmensstrategie und der Geschäftsprozesse auf die durchgängige Wertschöpfung aus Kundensicht im Kontext mit den Kritischen Erfolgsfaktoren (KEF) zur Steigerung des Unternehmenserfolges. Die Unternehmensorganisation und die Ressourcen sind konsequent auf dieses Ziel hin auszulegen. Damit dient das CPI der nachhaltigen Sicherung der wirtschaftlichen Zukunft des Unternehmens.

Funktionalstrategie — Eine Funktionalstrategie hat die notwendigen Fähigkeiten, über die das Unternehmen verfügen muss, zu beschreiben und legt dafür die grundsätzlichen Ziele und Massnahmen der Funktionsbereiche in einem Unternehmen fest.

Funktionsbereiche sind Marketing und Verkauf, Forschung und Entwicklung, Produktion, Supply Chain Management, Human Resources Management, Finanzen und Information and Communication Technology.

Kernkompetenzen — Kernkompetenzen sind spezielle Fähigkeiten, Prozesse oder Technologien, die einen einzigartigen Kundenwert schaffen können. Sie basieren auf Ressourcen oder Fähigkeiten, die
- wertvoll sind,
- selten sind,
- teuer zu imitieren sind,
- nicht substituierbar sind.

Kontinuierlicher Verbesserungsprozess — Der Kontinuierliche Verbesserungsprozess (KVP) bedeutet die ständige Verbesserung (in kleinen Schritten) in Bezug auf die Unternehmensziele und unter Einbezug der Betroffenen. Die Fähigkeiten aller Mitarbeiter zur ständigen Verbesserung der Geschäftsabläufe im Sinne der Unternehmensziele werden geweckt und genutzt.[1]

Kritische Erfolgsfaktoren — Kritische Erfolgsfaktoren (KEF) sind K.-o.-Kriterien aus Kundensicht: Was muss das Unternehmen erfüllen, damit der Kunde weiterhin Leistungen bezieht und nicht zu einem anderen Lieferanten wechselt? Kritische Erfolgsfaktoren sind bestimmende Grössen, auf deren bestmögliche Behandlung der Wertschöpfungsprozess ausgelegt sein muss, um den optimalen Erfolg der Leistung zu sichern.

Projektmanagement — Projektmanagement (PM) stellt den geordneten und systematischen Projektablauf eines Vorhabens sicher. Es sorgt darüber hinaus dafür, dass das Projektvorhaben mit einer konkreten Zielsetzung im Rahmen der vorgegebenen Kosten und zeitlichen Limiten realisiert werden kann.

Strategisches Geschäftsfeld — Ein Strategisches Geschäftsfeld (SGF) ist die konkrete Verknüpfung einer oder mehrerer Ausprägungen von Geschäftsfelddimensionen (markttechnisch, kundenorientiert, produkttechnisch, geographisch etc.). Es definiert ein eindeutig abgrenzbares Produkt-Marktfeld, welches eigenständig plan- und führbar ist.

---

[1] http://www.bw.fht-esslingen.de/bw/studium/methodenlexikon/philosophien/kvp.htm

Transition Management	Transition Management (TM) ermöglicht und unterstützt die notwendige Veränderung innerhalb der verschiedenen Anspruchsgruppen. Veränderungstreiber sollen identifiziert, unterstützt oder neu aufgebaut, Barrieren andererseits minimiert werden. TM ist somit das Management der weichen Faktoren (Transition = Übergang).
Unternehmensstrategie	Die Unternehmensstrategie umfasst neben der Marktstrategie auch die Funktionalstrategien (beispielsweise Finanzen, Marketing und Vertrieb, Produktion) und zeigt die geplante Vorgehensweise (der Weg) eines Unternehmens zur Umsetzung seiner Ziele. Strategien sind daher mittel- und langfristige, das Unternehmenssystem betreffende Massnahmenbündel. Sie haben als Führungsgrösse einen Vorgabecharakter für die nachfolgenden Planungsebenen.
Vision	Die Vision zeigt auf, in welchem zukünftigen Umfeld die Unternehmen welche Stellung bzw. Rolle einnimmt. Dies im Kontext zum aktuellen Umfeld und der Ist-Positionierung. Daraus ergeben sich die Handlungsfelder in den Bereichen Markt, Wettbewerb, Produkte/Dienstleistungen, Führung und Mitarbeiter sowie die gültigen Unternehmenswerte, dies mit ihren globalen Zielen als Vorgabe an die Strategie. Die Vision liefert die Orientierung für das normative, strategische und operative Management des Unternehmens.

7.3 Fallbeispiele zur Illustration von Consulting Governance

Stets aktuelle Fallbeispiele zur Consulting Governance werden unter der Web-Adresse www.consulting-governance.ch veröffentlicht.

7.4 Literaturverzeichnis und Internetlinks

Literatur

ASCO: Fakten und Trends zum Beratermarkt Schweiz 2002/03. Umfrage, durchgeführt von der Zürcher Hochschule Winterthur (ZHW) unter René Rüttimann, Zürich 2003

Balogun, J./Hope Hailey, V./Johnson, G./Scholes, K.: Exploring Strategic Change. FT Prentice Hall, London u. a. 1999

Brunner, J./Becker, D./Bühler, M./Hildebrandt J./Zaich, R.: Value-Based Performance Management. Gabler Verlag, Wiesbaden 1999

Burghardt, Manfred: Projektmanagement: Leitfaden für die Planung, Überwachung und Steuerung von Entwicklungsprojekten. Siemens Aktiengesellschaft, Berlin/München 1988

Fopp, L./Schiessl, J.-Ch.: Business Change als neue Management-Disziplin. Campus Verlag, Frankfurt a. M. 1999

Gentner, Andreas: Wertorientierte Unternehmenssteuerung. Controller 4/98, Stuttgart 1998

Gregor-Rauschtenberger, B./Hansel, J.: Innovative Projektführung. Springer Verlag, Berlin/Heidelberg 1993

Gysi, Rudolf: Ethik in der Unternehmensberatung. ASCO, Zürich 2002

Haberfellner, R./Nagel, P./Becker, M./Büchel, A./von Massow, H.: Systems Engineering. Methodik und Praxis. Verlag Industrielle Organisation, Zürich 1992

Hammer, M./Champy, J.: Reengineering the Corporation (updated and revised edition). Nicholas Brealy Publishing, New York 2001

Kaplan, R./Norton, D.: The Balanced Scorecard. Harvard Business School Press, Boston 1996

Kotter, John P.: Leading Change. Harvard Business School Press, Boston 1996

Lewin, Kurt: Frontiers in Group Dynamics. In: Human Relations, 1. Jg., 1947, S. 5–41 (Kurt Lewin Institut für Psychologie, Fern-Uni Hagen)

Mattig, Franz: Best Board of Practices. Treuhandkammer Sektion Zentralschweiz, Schwyz 2003

Mintzberg, H./Ahlstrand, B./Lampel, J.: Strategy Safari. The free press, New York 1998

Müller, Kaspar: Corporate Governance und Globalisierung. Ellipson AG, Basel 2002

Müller-Stevens, G./Lechner Ch.: Strategisches Management. Schäffer-Poeschel Verlag, Stuttgart 2001

Prosci: Best Practices in Change Management. www.change-management.com 2003

Rüttimann, René: Fakten und Trends zum Beratermarkt Schweiz 2002/03. ASCO, Zürich 2003

Thommen, Jean-Paul: Managementorientierte Betriebswirtschaftslehre. Versus Verlag, Zürich 2000

Wohlgemuth, André C.: Unternehmensberatung (Management Consulting). vdf Hochschulverlag, Zürich 2000

Internetlinks

www.consulting-governance.ch: Kurzerläuterung und Fallbeispiele zu Consulting Governance
www.asco.ch: Association of Management Consultants Switzerland
www.efqm.org: European Foundation for Quality Management
www.icmci.org: International Council of Management Consulting Institutes
www.bdu.de: Bundesverband der deutschen Unternehmensberater
www.feaco.org: Europäischer Verband für Unternehmensberatung
www.economiesiusse.ch: Schweizerischer Verband der Arbeitgeberorganisationen

Abkürzungs- und Stichwortverzeichnis

ASCO	Association of Management Consultants Switzerland	**ICMCI**	International Council of Management Consulting Institutes
BDU	Bundesverband Deutscher Unternehmensberater	**KEF**	Kritische Erfolgsfaktoren
CEO	Chief Executive Officer	**KPI**	Key Performance Indicator
CG	Consulting Governance	**KVP**	Kontinuierlicher Verbesserungsprozess
CMC	Certified Management Consultant	**MbO**	Management by Objectives
CP	Corporate Performance	**PL**	Projektleiter
CPI	Corporate Performance Improvement	**PM**	Projektmanagement
CPM	Corporate Performance Management	**PMS**	Projektmanagement-System
CRM	Customer Relationship Management	**SCM**	Supply Chain Management
DL	Dienstleistung	**SGF**	Strategisches Geschäftsfeld
F & E	Forschung und Entwicklung	**SWOT**	Strengths (Stärken), Weaknesses (Schwächen), Opportunities (Chancen), Threats (Gefahren)
FEACO	European Federation of Management Consultancies Associations	**TM**	Transition Management
HRM	Human Resources Management		

A

Ablage- und Dokumentationssystem   50, 104, 111
Akquisitions-Veranstaltung   137
Analyse   32
    Gap-   136
    Risiko-   69
    SWOT-   71
    Ursachen-   89
Anspruchsgruppen 56–57, 83, 88
    Einbezug der 46, 61
    externe   58
    im Beratungsunternehmen   58
    interne   57
    Systematisierung   57
ASCO
    Branchenverband   94
    Umfrage 23–24, 26
    Verhaltenskodex   51
    Zertifizierung 51, 159
Assessment   136
Aufbauorganisation   57
Auftrag   156
    unverträglicher   157
Auftraggeber 24, 44
    des Beraters   57
Auswahlverfahren   94

B

Banken   83
Barrieren 72, 122
    für Transition Management   56
BDU, Branchenverband   94
Bedingungen des Mandats   98
Bedürfnisabklärung   49
Behörden   58
Beibehalten (refreeze)   38
Berater 14, 24–26, 44, 59, 95, 98–99, 158
    Anforderungen   69
    Interessen   53
    -markt   19
        Entwicklungen   23
    Meta-   94
    -müdigkeit   25
    persönliche Merkmale   96
    -qualität   99
    Rolle des   24
    Verhaltenskodex   53
    Zertifizierung 51, 155, 159
    Zusammenarbeit mit Auftraggeber   44
Berater auswählen 66, 69, 93, 96
    Auslassen der Stufe   103
    Checkliste   144
Beratungs-
    -ansatz   49
    -bedarf   22
    -partner, optimaler   66
    -projekt   12
    -unternehmen 93, 99, 101
        Anspruchsgruppen   58
        Kompetenzen   100
        Offerte   97–99
        Profil   96
Berichterstattung   50
Berufsethik   50
Beurteilung   136
Branchenerfahrung   97
Branchenkenntnisse   114
Branchenverband   94
Budgetierung   32
Business Case 36, 106, 128, 135
    Beurteilung   136

C

Checklisten   143
    Berater auswählen   144
    Corporate Performance Improvement
        (CPI)   151
    Laufende Ergebnisverbesserung   150
    Lösungsdesign erarbeiten   147
    Masterplan umsetzen   148
    Nachhaltigkeit prüfen   149
    Problem identifizieren   144
    Projekt abschliessen   148
    Projekt initialisieren   145
    Projektmanagement (PM)   153
    Transition Management (TM)   152
    Transparenz schaffen   146
«Chemie»   102
CMC-Zertifizierung 51, 159
Coaching   25
Commitment des Managements   126
Consulting Governance . . .   14–16, 19, 39, 43–44,
    63, **159**
    fünf Säulen   46
    Grundsätze 26, 49, 52
    Leitfaden   63
    neun Stufen   66

Consulting Governance (Forts.)
   Nutzen 61
   Programm 118–119
   qualitative Ziele 47
   quantitative Ziele 48
   technologische Trends 22
   Treiber 20
   Vorgehen 64, 66
   Vorgehensmodell 64, 66
   wirtschaftliche Trends 22
Controlling 41
Corporate Governance 11, 19
   Swiss Code of Best Practice
   for Corporate Governance 12
Corporate Performance 29–30, 36, **159**
   Verschlechterung 140
Corporate Performance Improvement
   (CPI) 30, 32, 67–68, 83, **159**
   Berater auswählen 99
   Checkliste 151
   Lösungsdesign erarbeiten 121
   Masterplan umsetzen 128
   Problem identifizieren 86
   Projekt initialisieren 106
   Transparenz schaffen 113
   Ziel 33
Corporate Performance Management
   (CPM) 29–30, 32
   Aufgabe 32
   Ziel 32
Corporate Performance Measurement 139
CPI ▷ Corporate Performance Improvement
CPM ▷ Corporate Performance Management

D   De-Eskalation 60
   Regeln 60
   Vorgehen 47, 55
Disziplinen-Trilogie 64, 67–68, 81
   Umsetzung 81
Dokumentations- und Ablagesystem . 50, 104, 111
Dokumentenersteller 111
Dritte 31, 83

E   Effektivität und Effizienz 135
   Steigerung 47
Einflüsse, gesellschaftliche 27
«Eintagsfliegen» 92

Erfolgsfaktoren 54
   Kritische 30, 32, **160**
Erfolgskontrolle 43, 133
erfolgskritische Messgrössen 139
Erfolgspotenzial 113
Ergebniskontrolle 138
Ergebnissteigerung 48
Ergebnisverbesserung 43, 138
Ergebnisverbesserung, laufende   67, 71, 138–139
   Checkliste 150
Ertragssteigerung 33–34
Erwartungshaltung 49
Erwartung, unrealistische 156
Eskalation 56, 60
Ethik 51–52
   Berufs- 50
   externe Anspruchsgruppen 58

F   «falsche» Kommunikation 78
fehlende Transparenz 137
Fehlleistung 60
finanzielle Interessen 156
Fokussierung 25
Folgeprobleme 87
Formulierung des Nutzens 36
Führung
   operative 34
   strategische 34
   wertorientierte 29
Führungssystem 35, 48
Funktionalstrategie 30, **160**

G   ganzheitliche Vorgehensmethodik 47
ganzheitlicher Review 138
Gap-Analyse 136
Geschäftsfeld, strategisches 30, **160**
Geschäftsleitung 83
gesellschaftliche Einflüsse 27
Glaubwürdigkeit 54
Glaubwürdigkeitskrise 23
globale Kommunikation 21
Grundsätze 45
   Consulting Governance 26, 49, 52
   Verhaltens- 46
   Zusammenarbeit 20, 53
Guide of Conduct 16

H Handlungsalternative 113
Handlungsanleitung 81
Honorarvolumen der Unternehmensberatung . . 23
Honorierung 97

I ICMCI (International Council of
    Management Consulting Institutes) 50
    Verhaltenskodex 155
Imageverlust 23
Individualisierung, zunehmende 21
individueller Veränderungsprozess 38
Information 129
    unstrukturierte 117
Informations-
    -beschaffung 115
    -management 31
    -pflicht 59
    -Pool 119
integraler Ansatz 54
integrales Vorgehen 61
Interessen
    der Öffentlichkeit 53
    des Auftraggebers 53
    des Beraters 53
    finanzielle 156
    -konflikt 53
    Regelraster 53
International Council of Management
    Consulting Institutes (ICMCI) 50
interne Anspruchsgruppen 57
Interview 111, 114–115, 136–137
Investoren 58, 83

K KEF (Kritische Erfolgsfaktoren) 30, 32, **160**
Kennzahlen 87
Kernkompetenzen **160**
Kernprozess 40
Key Performance Indicator 139
Kick off 69, 108
    -Meeting 104
Klienten, Verhandlungen mit 157
Kommissionen 156
Kommunikation 78, 107, 120, 127
    «falsche» 78
    globale 21
    projektinterne 68

Komplexität 51, 112
    wachsende 21
Konflikt 51, 60
    -fall 60
    Interessen- 53
    offener 134
    Rollen- 51
    Ziel- 51, 131
Kontinuierlicher Verbesserungsprozess
    (KVP) 30, 140, **160**
Konzept
    Änderungen 128
    Lösungs- 127
    Umsetzungs- 119
Kooperationspartner 59
Korrekturkosten 96
Korrekturmassnahmen 136
Kosten 84
    -optimierung 33–34
Kritische Erfolgsfaktoren (KEF) 30, 32, **160**
Kultur 31
Kunden 58, 83
    -bedürfnisse 30
KVP (Kontinuierlicher Verbesserungsprozess) . 30,
    140, **160**

L *Laufende Ergebnisverbesserung* . 67, 71, 138–139
    Checkliste 150
Leistungsfähigkeit 29
Leitfaden 63
Lenkungsausschuss 104
Lessons Learned 83, 133
Lösungsdesign 43
Lösungsdesign erarbeiten 66, 71, 74, 76, 118–121
    Checkliste 147
Lösungskompetenz 90
Lösungskonzept 127
Lösungsvorschlag 96

M Management
  by Exception. 127
  by Objectives (MbO) 122
  Commitment des 126
  Corporate Performance Management
    (CPM) 29–30, 32
  Informationsmanagement 31
  Management Consulting 13
  Performance Management 29
  Projektmanagement (PM) 39–40, 67–68,
    74, 89, 100, 108, 115, **160**
  Risikomanagement 68, 72
    Aufbau 110
  Transition Management (TM) 37, 39,
    67–68, 72, 78, 100, 107, 114, **161**
  Veränderungs- 41
Marktstrategie 30
Masterplan 130–131
Masterplan umsetzen 67, 71, 74, 76, 126–127, 131
  Checkliste 148
Mehrwert 47
Meinungsbildner 58
Messbarkeit 32
Messgrössen, erfolgskritische 139
Meta-Berater 94
Methoden 45
Mitarbeiter 83
Mobilisieren (unfreeze) 38
Moderation 25
monetäre Aspekte 84

N Nachhaltigkeit 61
  Steigerung 47
Nachhaltigkeit prüfen . . . 67, 71, 74, 76, 135–136
  Checkliste 149
Nachhaltigkeits-Check 137
9-Stufen-Vorgehensmodell 66, 82
Nutzen
  des Projekts 36
  Eintrittswahrscheinlichkeit 96
  Formulierung 36
  Nachweis 36, 121
  -nachweis 36
  Projekt- 128
  Quantifizierung 90
  von Consulting Governance 61

O offener Konflikt 134
Offerte 95
  des Beratungsunternehmens 97–99
operative Führung 34
operative Umsetzung 139
optimaler Beratungspartner 66
Optimierungspotenzial 84
Organisation 31
  Aufbau- 57
  Projekt- 34, 60
Organisationsstruktur 108

P Partner 15
Partnerschaft 44
Performance
  Corporate Performance . . 29–30, 36, 140, **159**
  -kurve 79
  Management 29
  -Messung 35, 121
  -niveau 77
  Projekt- 35, 128
Personalisierung 92
Planung 32
  Ressourcen- 89, 123
  unrealistische 60
PM ▷ Projektmanagement
Problem
  Ausmass 85
  Betroffene 86
  -definition 88
  Folge- 87
  Gewichtung 86
  Häufigkeit 85
  -identifikation 36, 43, 85
    vollständige 92
  im Unternehmen 83
  -lösungskapazität 83
  -Owner 104
  -Ownership 85
  Priorität 84
  Relativierung 86
  strukturelles 60
  strukturieren 66
  -verständnis 105
Problem identifizieren 66, 69, 83–84, 92
  Auslassen der Stufe 92
  Checkliste 144

Professionalisierung 26
Projekt
   -abbruch 127
   -abgrenzung 125
   -abschluss 15, 36
   -abwicklung 14, 19, 61
       Effizienz 95
   -akzeptanz 36, 48
   -arbeit 26, 56
   Aufgaben 59
   -auftrag 106
   -beginn 36
   Beratungs- 12
   -controlling 14
   -dauer 48, 95
   -dossier 105–106
       Rahmenbedingungen 105
   -durchführung 63
   -ende 132, 135
   -ergebnis 134
   -grundlage 112
   -infrastruktur 74
   -inhalt 105, 123
   Initialisierung 64
   -kontrolle 74
   -kosten 95
   -leiter 104
   -leitung 45, 57
   -mitarbeiter 58, 104
   -nutzen 36, 128
   -organisation 34, 60
   -Owner 104
   -performance 35, 128
   -portfolio 30
       strategisches 29
   realitätsfremdes 110
   Return on Investment 48
   -risiko 96
   -schlussbericht 132
   -stabilität 108
   -steuerungsausschuss 45
   Strategie- 64
   -team 45, 117
       Auflösung 132
   -typen 64
   Veränderungs- 37
   -vision 88
   -vorgehen 15, 55
   -vorgehensmodell 12
   -vorstellung 110
   -ziel 69, 122
   -zusammenarbeit 14
Projekt abschliessen 67, 71, 74, 76, 131, 133
   Checkliste 148
Projekt initialisieren 66, 69, 72, 74, 104–105, 110
   Auslassen der Stufe 110
   Checkliste 145
projektinterne Kommunikation 68
Projektmanagement (PM) 39, 67–68, 74, 100, 108, **160**
   Berater auswählen 100
   Checkliste 153
   Instrumente 129
   Lösungsdesign erarbeiten 123
   Masterplan umsetzen 129
   Methoden 44
   Problem identifizieren 89
   Projekt initialisieren 108
   Prozesse 40
   -Regelkreis 41
   Transparenz schaffen 115
Prozess
   individueller Veränderungs- 38
   Kern- 40
   Kontinuierlicher Verbesserungs- . 30, 140, **160**
   Unterstützungs- 40

Q   Qualität der Zusammenarbeit 27
Qualitätssicherung 50
Quick Wins 113, 128

R   realitätsfremdes Projekt 110
Regeln 45
   De-Eskalation 60
   für Zusammenarbeit 46, 61
   Verhaltens- 59
Regelraster 53
Regelwerk 59
Rekrutierung 157
Rentabilität 36
Reporting 32, 129
Ressourcenengpass 60
Ressourcenplanung 89, 123
Ressourcenzuteilung 74

Resultate 135
Return on Investment 48
Review 76, 129, 135
    ganzheitlicher 138
    -Team 136
Risiko 39
    -analyse 69
    des Projekts 106
    -komponente 96
    -management 68, 72
        Aufbau 110
    Projekt- 96
    Umsetzungs- 99
        Minimierung 107
Rollen
    -beschreibung 59
    -klärung 108
    -konflikt 51
    -kriterien 59
    -verletzung 24
    -verteilung 55, 61

S SGF (Strategisches Geschäftsfeld) 30, **160**
Soll-Ist-Vergleich 41
Sozialkompetenz 25
Spannungsfeld für Veränderungsprojekte 45
Sponsor/Eigner 57
Standards festlegen 104
Stellvertretungsregelung 123
Steuerungskomitee 45
Strategie
    Funktional- 30, **160**
    Markt- 30
    -projekt 64
    Unternehmens- 32, 86–87, 106, 110, **161**
strategische Führung 34
Strategisches Geschäftsfeld (SGF) 30, **160**
strategisches Projektportfolio 29
strukturelle Probleme 60
Strukturwandel 26
9-Stufen-Vorgehensmodell 82
Sub-Contractors 59
Swiss Code of Best Practice for Corporate
    Governance 12
SWOT-Analyse 71
Symptomtherapie 87

T Tabus 117
«Tal der Tränen» 37
Team 104
technologische Trends 22
TM ▷ Transition Management
Toolbox 138
Transition Management (TM) 37, 39, 67–68,
    72, 78, 100, 107, **161**
    Aufgabe 39
    Barrieren für 56
    Berater auswählen 100
    Checkliste 152
    Lösungsdesign erarbeiten 122
    Masterplan umsetzen 129
    Problem identifizieren 88
    Projekt initialisieren 107
    Transparenz schaffen 114
    Treiber für 56
    Vorgehen 72
Transition-Barrieren 72
Transition-Treiber 72
Transparenz 15, 48, 56, 78, 111, 129
    fehlende 137
Transparenz schaffen 66, 71–72, 74, 111–112
    Checkliste 146
    Überspringen der Stufe 117
Treiber 26, 72, 122
    für Transition Management 56
    von Consulting Governance 20
Trends 21
    wirtschaftliche 22
Trilogie der Disziplinen 64, 67–68, 81
    Umsetzung 81

U Überkapazität 24
Umfrage, ASCO 23–24, 26
Umsetzung 32
    operative 139
Umsetzungs-
    -fokus 47
    -konzept 119
    -phase 122
    -risiko 99
        Minimierung 107
Unabhängigkeitsverlust 23
Unberechenbarkeit 21
unrealistische Erwartung 156

unrealistische Planung 60
Unsicherheiten 51
unstrukturierte Information 117
Unternehmens-
    -berater 14, 24–26, 44, 59, 98–99, 158
        CMC 155
        Interessen 53
        -müdigkeit 25
        Rolle des 24
        Verhaltenskodex 53
    -beratung, Honorarvolumen 23
    -erfolg, Steigerung 32
    -strategie 32, 86–87, 106, 110, **161**
    -wert, Steigerung 32
    -ziel 30, 43, 106
Unterstützungsprozess 40
unverträglicher Auftrag 157
unvollständige Verträge 51
Ursachenanalyse 89

V validieren 128
Value Management 29
Veränderung 37–38, 72, 96
    Widerstand gegen 78
Veränderungs-
    -bereitschaft 37–38, 77, 118
    -geschwindigkeit 76, 78
    -kurve 37
    -management 41
    -projekt 37
        Spannungsfeld 45
    -prozess, individueller 38
Verantwortung 60
Verantwortungsbereich 104
Verbesserung 135
Verbesserungsprozess, Kontinuierlicher
    (KVP) 30, 140, **160**
Vergleich, Soll-Ist- 41
Verhaltens-
    -grundsätze 46
        Guide of Conduct 16
    -kodex 155
        ICMCI 155
        ASCO 51
    -kodex für Berater 53
    -logik 34
    -regeln 59

Verhandlungen mit Klienten 157
vernetztes Vorgehen 54
Vernetzung 67, 140
Vertrag 52
    unvollständiger 51
Vertrauen 12, 50
Vertraulichkeit 156
Vision **161**
vollständige Problemidentifikation 92
voranschreitender Wertverlust 21
Vorgehen 135, 158
    De-Eskalations- 47, 55
    der Consulting Governance 64, 66
    des Transition Management 72
    integrales 61
    Projekt- 15, 55
    vernetztes 54
Vorgehensmethodik, ganzheitliche 47
Vorgehensmodell
    der Consulting Governance 64, 66
    Projekt- 12
    9-Stufen-Vorgehensmodell 66, 82
Vorgehens-Szenario 95

W wachsende Komplexität 21
Wahrnehmungsperspektive 107
Weisungsbefugnis 59
Weisungspflicht 59
Werthaltung 19, 46, 52, 61
wertorientierte Führung 29
Wertschöpfung 32
Wertverlust, voranschreitender 21
Widerstand 37, 96
    gegen Veränderung 78
Wirksamkeit der Massnahmen 121
wirtschaftliche Trends 22
Wissenssicherung 135
Wissenstransfer 132, 138
Worst-Case-Szenarien
    Berater auswählen 102
    Laufende Ergebnisverbesserung 140
    Lösungsdesign erarbeiten 125
    Masterplan umsetzen 131
    Nachhaltigkeit prüfen 137
    Problem identifizieren 92
    Projekt abschliessen 134
    Projekt initialisieren 110
    Transparenz schaffen 117

Z Zeitachse 76
Zertifizierung 51, 155, 159
   CMC- 51, 159
Zertifizierungskommission 158
Ziel
   Corporate Performance Improvement (CPI) 33
   Corporate Performance Management (CPM) 32
   -definition 39
   -konflikt 51, 131
   Projekt- 69, 122
   Unternehmens- 30, 43, 106
   -vorgaben 124
   Zusammenarbeit 98
zunehmende Individualisierung 21
Zusammenarbeit 16, 49
   Berater und Auftraggeber 44
   Grundsätze 20, 53
   Qualität 27
   Regeln 46, 61
   Ziel 98

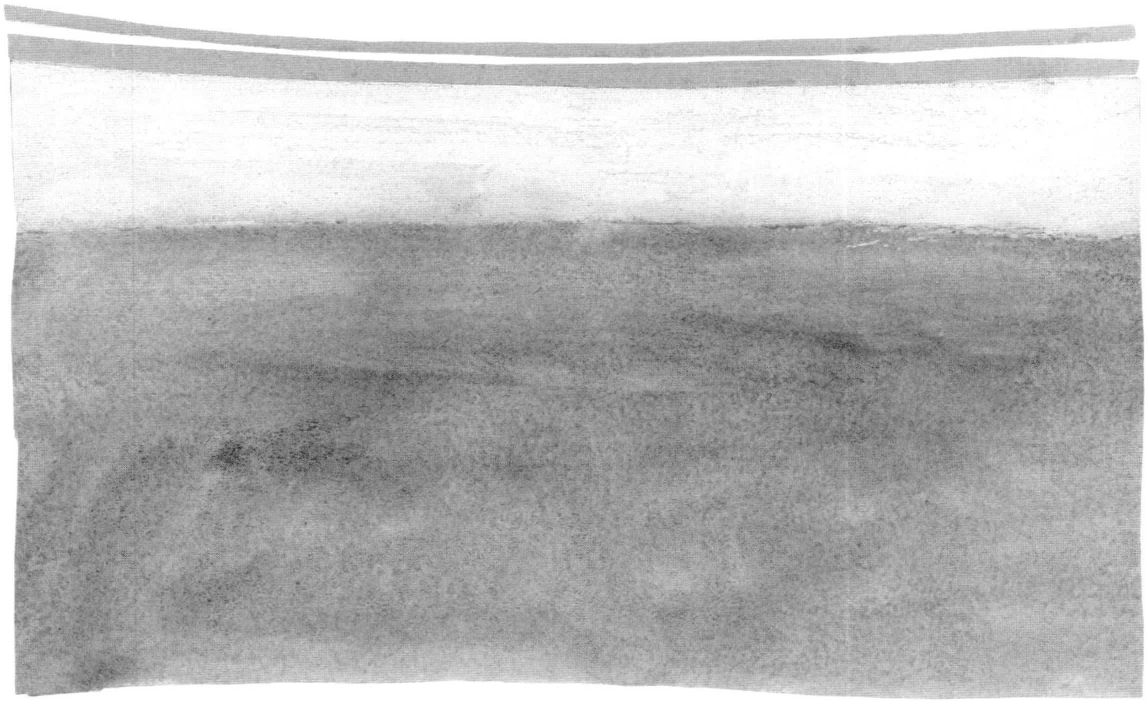

Der Autor

Nach dem Ingenieurstudium sammelte Hans Knöpfel Berufserfahrungen in der Maschinen- und Elektroindustrie, hauptsächlich in den Bereichen Produktion, Entwicklung, Logistik und im Qualitätsmanagement. Es folgte der Aufbau des Sales- und Marketingsupports für einen Handelskonzern im Bereich Computersysteme. Nach dem Nachdiplomstudium in Betriebswirtschaft arbeitete er für einen weltweit tätigen Wirtschaftsprüfungs- und Beratungskonzern und schliesslich als Geschäftsführer eines international tätigen Beratungs- und Informatikhauses.

1991 gründete Hans Knöpfel die Knöpfel & Partner AG (K&P) Unternehmensberatung. In seiner über 20-jährigen Beratungstätigkeit hat er über 250 Projekte erfolgreich realisiert. Die Schwerpunkte der K&P liegen in der Unterstützung des Top-Managements bei komplexen Veränderungsprozessen und Strategiereviews im Prozess-, Struktur- und Informationsmanagement.

www.knoepfel-partner.ch
www.consulting-governance.ch

Die Künstlerin

Ursula Knobel

Ursula Knobel wurde 1947 bei Zürich geboren. Sie studierte Psychologie und Kunstgeschichte an der Universität Zürich und engagierte sich in der Kulturpolitik der Stadt Zürich. Von 1975 bis 1987 arbeitete sie als Psychoanalytikerin in ihrer eigenen Praxis in Zürich. Diverse Studienaufenthalte und Reisen führten sie in verschiedene Länder Europas, nach Asien, Nordafrika und in die USA. Sie ist Mutter von zwei erwachsenen Söhnen.

Die künstlerische Tätigkeit von Ursula Knobel umfasst Malerei, Fotografie, Installation und Objekte. Ihre Werke wurden in zahlreichen Einzel- und Gruppenausstellungen in der Schweiz und im Ausland gezeigt. Ursula Knobel lebt in Zürich und in Italien.

Zu Umschlag und Abbildungen *los 194 – 201*

Die Bilder in diesem Buch sind Teil der fortlaufenden Serie *los:* kleinformatige, farbige Papierarbeiten von 45 × 45 cm, die seit 1993 entstehen.

Die Collage-Elemente sind weder gegenständlich noch ungegenständlich. Die Bilder haben etwas Intimes, sind wie Kammerspiele. Sie sind skizzenhaft, aber nicht in dem Sinne, dass sie auf etwas anderes hinweisen oder über sich hinaus. Sie genügen sich selbst.

Es gibt keine Formen, die wichtiger oder wertvoller sind als andere. Ein Papierschnipsel kann genauso wichtig sein für die Komposition wie ein sorgfältig bemaltes und zugeschnittenes Papier.